JN410824

시·간·때·우·기·02

정지안 지음

시간 때우기 02

초판 1쇄 인쇄 | 2019년 12월 16일

지은이 | 정지안

펴낸이 | 이승훈

펴낸곳 | 해드림출판사

주 소 | 서울 영등포구 경인로82길 3-4(문래동1가 39)
센터플러스빌딩 1004호(우편07371)

전 화 | 02-2612-5552

팩 스 | 02-2688-5568

E-mail | jlee5059@hanmail.net

등록번호 제2013-000076

등록일자 2008년 9월 29일

* 책값은 표지에 있습니다.

* 잘못된 책은 바꿔드립니다.

ISBN 979-11-5634-381-3

시간 때우기

02-01-0013에서
02-12-0024까지 02

정지안 두 번째 에세이집

해드림출판사

앞글

이번이 '시간 때우기 02' 이다. 작년인 2018년 7월에 같은 제목의 '시간 때우기 01'을 출판할 때 쓴 앞글 그대로 다시 쓴다. 시간 때우는데 별로 바뀔 것도 없고 내용도 그저 그렇다. 항상 맞는 말이다. 학술서적도 아니고 수필가들이 유려하게 일상에 대해서 아름답게 쓴 글모음 집도 아니다. 그냥 보면 좋고 안 봐도 아무 상관이 없다.

여러 말로 〈빈칸〉에 대해서 말하며 쪽 수 늘리려는 고육지책이기도하다면서 하하 웃었다. 그런데 이번에는 양심상 〈빈칸〉이 아니라, 일상의 한순간을 무엇이든지 꼭 기록해서 언젠가 시간이 지난 후에 추억여행 할 수 있기를 바란다. 그래서 추억해야 할 것을 위해 아니면 낙서라도 할 수 있게 친절히 점선까지 넣었다. 만약 낙서라면 백지가 더 좋았을까?

누군가 시간을 때우려는 이 있으면, 함께 하자. 나도 심심해지기 싫어서 이러고 있다.

목 차

시간 때우기

02-01-0013

/

2018. 05. 04(금)

이 글에 사용된 단어들

#사랑
#조용필 '바람의 노래'
#불후의 명곡-하동균
#입체음악-공간음악
#시시비비

사랑에 대해서는 항상 생각하고 있는 것이지만, 어느 날 사랑에 대해서 쓰기는 하겠지 생각만 하고 있었다. 왜 그런고 하니 사랑에 대해서는 너무나 좋은 말, 재미난 말, 가슴에 새겨야 될 말 등 사용할 수 있는 언어를 모두 동원해도 표현하기가 어려울 것 같아서였다. 또 한 가지 이유는 사랑이라는 말이 시도 때도 없이 남발되어 사용된다고 생각을 하니 오히려 표현할 수 있는 말도 없어지고 또 표현하는 것이 어려워지기도 했다.

그래도 오늘은 시간 때우기 위해 잘 정리된 것은 아니지만 이렇게 갑자기 사랑에 대해서 쓰려고 마음을 먹게 되리라고는 생각하지 못 했다. 여하튼 사랑이라는 주제로 더 좋은 글을 언젠가 다시 쓰겠지만, 오늘은 약식으로 정리한다는 마음으로 쓴다고 생각하면 되겠다. 그런데 참 이상한 게, 사랑을 표현 한 좋은 말이 많은 것 같다고 생각을 했는데, 이상하게 한마디도 생각이 나지 않는다. 사랑에 좋은 말이 뭐였더라. 그냥 사랑해 이 말뿐인가?

사랑. 사랑이라는 게 받기도 어렵지만 사실 사랑을 하기도 어려운데, 항상 갈망하는 것, 바라고바라고 바라는 것, 무엇이라고 쓸까 스스로도 어떻게 진행될 것인지 궁금하다. 다음 이야기를 하기 전에 이 말 한마디가 갑자기 생각이 났다. 그게 뭐냐면, 왜 사랑했는지 묻지 말고, 왜에 관심 갖지 말고, 어느 날 사랑이라고 느껴졌을 때, 그때 아 그래서 사랑이구나 하고 이해하기를, '모든 사람이 사랑함에 느리고 멍청하고 그렇지만 그것이

진짜 사랑이라고 느끼기를 바랍니다.'라고 하고 싶은 것이다.

앞에서 얼떨결에 사랑에 대해서 한 번 생각해보고 싶다 사랑에 대해서 한 번 쓰고 싶다고는 하였다. 그렇지만 직접적인 이유는 2018년 4월 28일은 토요일이고, 이 날은 오후 6시부터 KBS2 TV에서 '불후의 명곡, 전설 조용필 2부'가 방송을 했다. 그때, 가수 하동균이 조용필 16집에 수록된 노래 '바람의 노래'를 불렀다. 그 노래의 가사 중에는 '~이제 그 해답이 사랑이라면, 나는 이 세상 모든 것들을 사랑하겠네~'가 있었다.

프로그램에서 대해서 비교적 정확히 말을 한 것을 알 수 있을 것인데, 역시 시간을 때우다가, 이날은 TV를 보다가 이겠지만, 갑자기 "어! 이것에 대해서 글이 하나 나올 것 같은데"라는 생각이 들면 그때부터 이런저런 메모를 하기 때문에 설명할 수 있는 것이다. 어떤 상황에 대해서, 어느 한순간에 머리를 스치는 여러 가지 생각들이 5분이나 10분 이상 지나면 잊어버린다. 그래서 글이 잘 쓰이든 말든 그 느낌을 이면지에 낙서하듯 적어놓는다.

그렇다고 그 모든 것이 글로 다 쓰여서 엮이는 것은 아니지만, 그래도 그렇게라도 하지 않으면 젊은 시절 밥숟가락 놓고 되돌아서면 다시 배고픈 것처럼 머릿속에 남아나는 것이 없다. 어떤 때는 5분도 길다고 느껴질 정도로 아주 짧은 순간 모두 사라지기도 하는 느낌이 들 때도 있다. 여러분들도 이런 경험들 하고 계시다면, 기억력만이 아니라 분명히 눈도 침침해졌을 것인데,

그래서 눈에 좋다는 영양제 드시려나 모르겠다.

몇 가지를 순서대로 정리하면서 오늘 글을 진행시켜 보자. 여하튼 즐겨보는 TV 프로그램 중의 하나가 불후의 명곡인데, 가능하면 빼놓지 않고 시청하려고 하는 프로그램이다. 불후에서 후(朽) 자가 썩는다는 뜻이고, 그러니까 불후(不朽)는 썩지 않는다는 뜻이니 결국은 영원(永遠)하다는 뜻일 게다. 어떤 노래가 어떻게 불려야 그리고 원작 가수나 전설이 부른 노래를 부르는 가수가 누구여야 하고 어떻게 불러야 하는지는 잘 모르겠으나 괜찮은 오락 프로그램이다.

물론 방송국에서도 최선을 다해서 제작하겠지만, 매회 그 불후의 명곡에 초청되는 전설이 역시 비중이 있는 좀 오래된, 그나마 노래를 들으면 알 수 있는 가수들의 옛 노래를 들을 수 있는 것이 좋다. 또한 전설이라는 선배 가수의 노래를 부르러 나온 가수들 또한 최선을 다해서 부른다는 느낌을 받을 수 있고, 그리고 원곡과 조금 다르게 편곡하고 각자의 재능을 덧붙여서 훨씬 더 재미있게 들을 수 있게 노력해 준다는 점도 재미를 더하는 것 같다.

한마디 추가하자면 '가수들의 옛 노래'라고 표현 한 부분이 있지만, 원래는 '중고 가수들의 옛 노래'라고 표현하려고 했다. 중고(中古) 하면 우선 약간 나쁜 느낌의 어감으로 들리지만 그런 뜻은 아니다. 사람들마다 애지중지(愛之重之)하는 것이 무엇이라도 있다면, 그것은 중고품이지 무엇인가를 새로 사면서 그것을 애지중지한다고 하겠는가? 애지중지, 정말 귀하게 여긴다는 뜻일 텐데, 그래서 마음속에 오랫동안 그 사람, 그 노래, 그 상황 그리고 그 시대를 간직하려는 마음인데, 그렇게 생각하지 않나? 이렇게 생각하는 게 잘못일까?

다음 가수 조용필 씨인데, 아무리 음악에 관심이 없더라도 지금까지 산 시간을 생각하면 모를라 야 모를 수가 없다고 생각한다. 그럼에도 모른다고 하는 사람들이야 그러시라고 할 수밖에는 없는 일이다. 그건 그렇다 치고 바람의 노래, 모나리자, 서울 서울 서울, Bounce, 그 후, 그 또한 내 삶인데, 돌아와요 부산항에, 친구여, 고추잠자리, 창밖의 여자, 꿈 등 많이 들어봤던 기억이 있고 또 그 노래 중에서 개인적으로 좋아하는 취향의 노래도 많다.

시중에 가왕이라 불리는 조용필 씨에 대해 너무 허술하게 글을 쓰는 것 같아서 인터넷으로 검색을 해 봤다. 얼마 정도 설명을 더 해보려고 했으나 포기했다. 대충 훑어보더라도 음반 발매를 정규 19집인가 발행했다고 하고, 각 집(集)마다 10여 곡인데 그러면 우선 200여 곡이 넘는 것이다. 노래 200여 곡 중에 얼마나 많은 곡이 어느 정도의 성공을 거두었는지는 모르겠지만, 노래 200여 곡이라는 것 자체가 실로 대단하다고밖에는 별할 말이 없게 만든다.

나는 노래에도, 노래하는 사람에도 별 관심이 없었던 것이 이유라지만 앞서 말했듯이 대단하다고 밖에 할 말이 없다. 어떤 이름이 많이 불리는 가수라도 유행한 노래가 10곡 이상 정도가 되면 대단하고, 일부 이름이 적게 불리지만, 그 사람들의 경우 노래 한두 곡으로 평생을 살고 있는데, 아마 이쪽에서 기적을 만든 사람이 아닐까 한다. 이 정도면 나로서는 엄청난 찬사를 했는데, 아직도 모자란다고 할지는 모르겠으나 그래도 어쩔 수 없는 일이다.

가수 하동균은 젊어 보였는데, 사실 잘 모른다. 그런데 그 프로그램에 참여한 관객분들이 가수 하동균의 차례에 무대 인사를 할 때의 호응으로 보아 대단히 유명하다는 생각이 들었다. 하기야 그날 참여한 가수가 알리, 김종서, 하동균, 바다, 린이였다. 솔직히 말해서 가수 김종서는 그래도 잘 알지만 다른 가수들은 잘 모르겠다. 그렇지만 그 프로그램을 처음부터 끝까지 다 보면서, 출연한 가수 모두 노래를 너무 잘한다고 생각했다. 그리고 이 글을 쓰게 동기를 부여한 '바람의 노래'를 부른 하동균의 노래 역시 대단했다고 말하고 싶다.

왜 이런 생각을 했느냐고 물어볼 이 하나 없지만, 스스로 답하자면 요사이 떼로 노래하는 보이그룹, 걸그룹 너무나 다양한 조합의 가수가 많고, 현란한 춤 때문에 가끔은 노래 듣는 것도 예전과 많이 다르다고, 그러니까 내가 들어오던 노래에 대한 감상, 느낌, 취향과 너무 많이 달라서 당황스럽다는 한마디 말을 하려고 했나 봅니다.

그런데 이것이 시대의 흐름인 게지요. 기술이 발전했다고 하는데 그러면서 그에 맞게 또는 다르게 사회가 변했다고 하는데, 그것이 음악에서도 마찬가지가 아닐까요. 가령 아주 간단하게 생각해보면 오디오 - 흑백 비디오 - 컬러 비디오 - 트루 컬러 비디오(audio - black&white mono video - color video - true color video) 시대로 바뀌면서, 듣는 음악 위주에서 듣고-보는 음악 위주로 지금은 보는 음악으로 바뀌었지 않나 생각합니다.

앞으로는 어떻게 될까요? 앞으로도 보는 음악이긴 한데 노래야 리듬을 타고 흐르겠지만 가수의 동작은 3차원 비디오(three dimensional video)를 활용한 입체 음악(cubic music)이 되겠지요. 사실 이런 말, 그러니까 입체음악이란 단어가 쓰였는지는 모르겠고, 그 영어 단어 큐빅 뮤직이란 단어도 아직 들어본 적이 없는 것 같고, 이게 영어가 별로여서 맞는 것인지도 모르겠네요.

지금 당장 쓰이는 것은 아닌 것 같은데, 어떻든 흐름이 그렇고 그다음이면서 동시에 이어갈 것이 차원으로는 설명할 수 없지만, 그냥 그다음 차원이면 4차원이라고 해야 하나 그렇게 해 놓고, 공간 음악(space music)이 되지 않을까요. 홀로그램이나 새로운 첨단 기술을 이용해서 공간에서 음악과 화면이 모두 구성되는 그런 형태로 음악의 생산과 소비가 일어나지 않을까 한 번 생각해 봅니다.

이때가 되면 가수들은 엄청나게 인기가 있고, 그래서 돈도 많이 벌어서, 엄청 잘 살 것 같고 뭐 그렇게 될까요. 글쎄. 그러면 그때도 사람의 목소리나 사람의 춤이나 사람의 얼굴을 보려고 음악을 듣게 될까요. 또한 사람의 작사-작곡에 의존한 음악이 인기를 끌 수 있을까요. 잘 모르겠습니다. 소리는 합성을 해낸다고 하더라도, 그래도 작사나 작곡은 사람이 하지 않을까요라고 할지도 모르겠습니다. 그러면 돈을 많이 벌어서 잘 살아야 될 가수는 빠졌네요?

앞으로 10년만 지나면 어떤 식으로든 변화를 느끼겠지요. 10년 후가 아니라면 적어도 20년 후면 어떤 식이 아니라 많이 변해있을 사회에서 살고 있겠지요. 여러분들이 이 사회가 사람 사는 사회이기는 한 것인가 하면서 긴가민가 하는 인공지능(人工知能, AI; artificial intelligence)의 시대에 푹 빠져서 인간이, 인간이 하는 짓을 인간으로서 즐길 수 있는 것이 지금처럼 그대로 남아 있을지 모르겠다.

왜 이런 생각을 할까. 가격 때문에 이런 생각을 하지요. 가수들이 직접 예술품을 창작해내지는 못해도, 그 예술을 실행하잖아요. 그런데 그 가격이 별것 아닌 것 같지만 비쌉니다. 역지사지(易地思之)이지만 작품을 만들어 내는 작사-작곡-가수-매니지먼트 등을 거쳐서 생산된 예술품은 생각보다 비쌉니다. 그런데 인공지능 시대에는 가격이 더 내려갈 테니까요. 이 말이 맞는 것인지 아니면 착각을 하고 있는 것인지 그 자체도 잘 모르겠는데 뭐라고 더 말을 하겠어요. 여기서 복잡한 말 줄입니다.

여하튼 어떤 경우이든 가수로 노래하는 사람들의 노래들은 다 잘한다는 점이다. 사실 노래를 비롯하여 유흥 자체를 잘하지도 못하는 것은 그렇다 치더라도 그것을 즐길 줄도 몰라서 그러는데, 나도 잘 즐길 수 있으면 좋겠다. 가끔은 개뿔도 못 하는 것이 놀기는 참 잘 놀아 라는 말이 어느덧 나도 모르게 하는 친구들을 볼 때면 그런 마음이 더 하다. 그런데 무엇인가를 잘하는 것은 노력하면 된다고 하지만 예체능 쪽에서는 분명 한계가 있는 것 같다.

고등학교 시절 선배에게 친구와 기타를 배우기로 했다. 같은 날 선배의 기타로 한 번씩 번갈아 가며 연습을 했다. 그런데 불과 두 달 만에 나는 포기를 했고 친구는 기타를 하나 샀다. 시골촌에서 좋은 것은 아니었지만 그래도 개인 소장용 기타를 살 정도로 급 발전했다. 이것을 보고 어찌 노력해서 된다고 할 것인가?

예술에서 또는 문학에서도 그리고 여러 다른 분야에서도 불후라고 하는 말이 아주 적게 쓰이는 것은 아니다. 왜 그러냐면 어떤 대상이던지 간에 불후는 어느 날 갑자기 그렇게 부르게 된 것은 아니다. 시간. 많은 시간이 필요하다. 지금 지상의 시간이, 사람들의 활동을 기록한 역사적 시간이, 어느 정도 많이 지났다는 뜻이다.

물론 대폭발을 뜻하는 Big Bang 이후의 시간 즉 지구 탄생에서부터 추적하는 시간으로 생각하여 135억 년을 기준으로 현재의 시간을 생각하면 안 된다. 그 인간이 하나도 관여할 수 없었던 쓸데없는 시간들은 다 빼버리고, 인간의 활동이 시작된 네안데르탈 동굴의 시간이나 크로마뇽 동굴의 시간 같은 초기 시간도 과감하게 빼 버리고, 인간이 집단으로 모여 살면서 지식과 역사를 축적했던 시간만을 생각할 때로 한정해서 볼 때 그렇다는 뜻이다.

대개 노래보다는 형태가 있는 것들을 불후의 명작(名作)이라고 해서 피아노, 바이올린 등 악기 같은 것에 많이 쓰이고 또 그런 물건을 제작하는 사람들을 거장(巨匠) 그러니까 대단한 기술자로 불러주고 있다. 또 위대한 소설 같은 작품들도 명작이라고 하는 것을 들을 수 있다. 이 또한 TV 프로그램 명칭이었던 것 같은 생각이 드는데, 아마 명작의 고향이라는 명칭이 쓰였던 것 같다.

어떤 노래가 있을 때, 그 노래의 작사가-작곡가-가수가 어느 정도로 노래를 잘 만들고, 잘 불러야 불후라고 말할 수 있는지는 모르겠다. 다만, 그 불후의 명곡이라는 프로그램을 생각하면서 든 것이, 전설이라는 선배 가수가 있고, 프로그램에 출연한 가수들이 참 열심히 노래를 하고 또 프로그램을 제작하는 사람들도 최선을 다하여 참 열심히 한다는 생각이 들었다. 그리고 마지막으로 객석에서 함께 노래를 들어주고 손뼉 치고 호응해주는 청중들이 있어서, 그 순간 이전보다는 그 순간 이후, 영원히 불후가 '불후의 명곡'이 되게 만들었다는 생각이 든다.

인생은 짧고 예술은 길다(Art is long, Life is short)고 하는데, 짧은 인생 중에 마음에 새긴 노래 한 구절이라도 죽어서 혹시나 있을지 모를 저세상에서 재생할 수 있다면 충분할 것 같다. 만약 좋은 예술품이면 아마도 태어난 순간 이후 영생(永生)할 것인데, 저세상이 있으면, 이 저세상란 곳은 몇 년인 것인지 몇 백 아니면 몇 천 년이라도 되는지, 아니면 이 저세상이란 곳도 영원(永遠)한 것인지 모르겠다. 그렇다면 마음속에 좋아하는 노래 한 구절만이 아니라, 사람으로서 행복했던 것, 누구와 사랑했던 것 그리고 …, 하이고 이것 다 헤아리다가 죽겠다.

'바람의 노래' 가사 중 일부 '~이제 그 해답이 사랑이라면, 나는 이 세상 모든 것들을 사랑하겠네~'. 해답이 사랑이라고 해서 사랑하겠다고 되어있다. 그럼 해답이 사랑이 아니라면 어떻게 할 것이고, 뭘 하려는가? 노래 가사가 경솔했다고 해야 하나. 그래서 '~이제 그 답과는 상관도 없이, 나는 이 세상 모든 것들을 사랑하겠네~'라고 해야 하겠는가? 시비를 걸어보고 싶은가?

시시비비(是是非非), 옳은 것은 옳고, 그른 것은 그르다고 하는 뜻이다. 이 단어에서 유추한 것이 시비(是非)다. 그러니까 옳고 그름이라는 뜻이다. 이런 말 가지고 장난치지 말자. 사랑에서 옳고 그른 것이 대체 무엇이란 말인가? 잘못된 사랑이라는 말이 있다고 할 것이다. 사랑, 그 자체가 잘못된 것은 아니고, 그 사랑을 잘못된 것으로 되게 한 사람, 잘못된 것으로 생각한 사람의 잘못이다. 사랑, 그 자체는 언제나 진리일 뿐이다.

지금 이 마음, 어떤 것인지 모르겠지만, 바로 지금 이 마음이라는 것 하나만이라도 간직되기라도 하면 좋겠다. 그냥 조금 좋은 게 아니라 좋아도 아주 좋겠다. 그것만으로도 사람으로 태어나서, 사람으로 살아가면서, 사람으로서 느낄 수 있는 여러 감정을 가져봤다는 것만도 다행 중의 다행이라고 하는 천만다행(千萬多幸)이다. 하나 더 덧붙여 여러 감정 중에서도 사랑이라는 감정으로 살아 볼 수 있었던 것도 역시 천만다행이다. 수많은 별나라 중에서, 살아본 이 별나라의 사람이었던 것, 사랑을 느껴 본 사람이라는 것, 참 다행이다.

빈 칸 1 : 추억 또는 한마디, 쓰고 싶은 것 쓰기.

1.

2.

3.

4.

시간 때우기

02-02-0014

/

2018. 05. 08(목)

이 글에 사용된 단어들

#죽음
#이상치(outlier)
#셸리 케이건(Shelly Kagan)
#에로스와 타나토스
#본능-생명

며칠 전부터 준비했던 글을 올리려고 하다 보니 공교롭게도 5월 8일 화요일인데, 어버이날이다. 오늘같이 부모의 은혜를 생각해야 하는 날에 이런 무거운 글이 올라가는 것이 찜찜하다. 그런데 나도 그렇고 친구들도 그렇고 모셔가며 은혜를 갚아야 할 분들이 이제는 거의 사라지셨다. 심지어는 친구들 몇몇도 살고 싶지 않다고까지는 안 했지만, 질병과 사고로 영원히 이별한 경우가 여럿 있다.

오히려 오늘 이 글이 올라가게 된 것이 잘 됐다고 생각한다. 어차피 생각해봐야 할 것을 뜻깊은 어버이날에 생각하면서 효도의 의미도 또 나의 삶의 의미도 생각해보고, 만약 젊은 사람들이라면 단순히 살아있다는 의미만이 아니라 젊다는 것의 의미도 생각해볼 수 있는 계기가 될 수 있을 것이라 생각한다. 젊다는 것이 가지는 힘의 의미도 꼭 생각해 보기를 바란다.

죽음에 대해서 글을 쓸 수 있다는 것은 내가 죽은 게 아니라 다른 사람이 죽었기 때문이다. 아무도 안 죽었는데 죽음에 대해서 쓸 수도 없고, 내가 죽었는데 내 죽음에 대해서 쓴다는 것도 말이 안 된다. 다 알고 있는 이야기이다. 죽음에 대한 사례는 태어난 사례와 같고, 사람들마다 약간의 시차만 불규칙하게 있을 뿐 태어난 사람은 모두 죽었다. 태초 이후 삶이 시작된 이래 한 번도 끊어지지 않은 관심의 대상이 바로 다름 아닌 죽음이다.

사람들이 편하게 쓰는 통계 용어 중에 산술평균(算術平均)이라는 게 있다. 대상이 되는 항목의 총 수를 더해서 그 대상이 되는 수로 나눈 값이다. 나이의 산술평균은 지구상에서 살았던 모든 사람들의 나이를 모두 더해서 그 지구상에 살았던 모든 사람의 수로 나눈 것이다. 그 산술평균으로 사람들이 사는 기간을 설명하는데, 산 사람에 대한 데이터가 아니라 죽은 사람들에 대한 데이터를 모아 계산한 것이다. 산 사람은 어제 죽어야 할 사람인데 죽지 않고 오늘도 살아 있다고 하면 오류를 그러니까 편차(偏差, deviation)를 발생시킨다. 그래서 죽은 사람의 데이터라고 했다.

그렇지만 이 죽은 사람의 데이터는 나름대로 신빙성이 있다. 왜 그러냐면 사람 일부를 대상으로 한 표본(標本, sample)이 아니라 전체 인간을 대상으로 하는 모집단(母集團, population)이기 때문이다. 그렇다고 사람들이 꼭 산술평균값에 얽매여 살 필요가 있는가가 궁금하다. 그럴 필요는 없다. 아무리 그렇더라고 해도 지금 살아 있는 사람에게는 의미가 없다. 왜 그러냐면 산술평균 속에는 보정 없이 들어간 이상치(異常値, outlier)가 있다.

태어나서 며칠 후에 죽은 아이도 있고, 한참 활동할 수 있는 청소년기에 사고로 죽을 수도 있다. 산술평균 개념에서 보면 분명 지나치게 일찍 죽은 이상치가 된다. 어떤 경우에는 장수촌처럼 100세가 넘게 건강하게 사는 사람이 있다고 하면, 이 100보다 큰 수치 값도 이상치이다.

이상치는 어떤 의미가 있는가? 적절한 예가 되지는 않겠지만,

태어나 얼마 안 된 아이가 죽었다면, 왜 죽었는지를 면밀히 찾아볼 것이다. 기존의 질병인지 아니면 새로운 어떤 질병원이 새로 생긴 것인지 검토를 할 것이고, 만약 새로운 질병의 원인이 되는 것이라면 인류에게 새로운 질병을 예방하기 위해 필요한 혁신적인 발견일 것이다.

같은 이유로 특정 장수촌의 사람들이 일반인은 물론 다른 장수촌의 사람들보다도 더 장수하는 것으로 나타난다면, 그 조사 또한 면밀히 이루어질 것이다. 공기와 평균온도, 해발 높이와 산소 부족 정도, 먹고 마시는 음식료 등 모든 것을 열거해 볼 것이다. 거기에서 찾은 무엇인가가 특별히 영향을 미친다고 설명할 수 있다면 분명 수명연장의 꿈을 꾸는 인간에게 도움이 될 것이다.

이상치는 여러 데이터 중에서 특별히 동떨어진 데이터를 말하지만, 이것의 이유를 설명할 수 있으면 대단한 혁신의 대상이 되는 중요한 점이다. 다만 기기 등으로 어떤 값을 측정하다가 뭔가 잘못된 신호를 나타낸 것이라면 쓸모가 없는 말 그대로 이상치 일 뿐이지만 말이다. 그래도 다른 신호의 입력으로 나온 결과가 이상치라고 단순히 판단하면 안 된다. 분명 입력치에 대한 반응이기 때문이다. 그것을 이해하는 것도 별것 아닌 게 아니라 대단한 창의적 활동의 하나이다.

이상치에 대해서 마지막으로 한마디 할 것은 만약 입력된 신호가 잘못 해석이 된다면 그 결과는 치명적일 수 있다는 것이다. 이상치는 대개는 정해진 안전 값 그러니까 임계치라는 값을 갑작스레 벗어나는 현상을 말하는 것과 같다. 그래서 치명적이란 것은 무엇이냐면, 사고의 발생을 말한다. 사고의 발생은 결국 약하면 상해이지만 그 강도가 조금만 더 강하다면 죽음이 될 수도 있다.

이번 주제는 죽음인가? 아니다. 삶이다. 왜 이런 역설(逆說)로 시작하는가? 설명이 필요한 부분이다. 그래서 월간문학 591호(2018. 5)에는 기획특집, '탄생 100주년의 시인들(下)'에서, 오장환 시인의 작가론 '오장환의 퇴폐주의와 불길한 노래'라는 제목으로 서영처 시인의 글이 실려 있다. 그 글 중에서 58쪽에 실려 있는 글을 보기로 한다.

흔히 죽음은 삶보다 화려하고 극적인 효과를 거둔다. 시인은 죽음의 허무 속에서도 존재의 연속성과 불멸성을 믿으며 부정의 부정을 통해 죽음과 삶은 더 이상 모순 관계가 아니라는 것을 역설하고자 한다. 삶의 본능인 에로스와 죽음의 본능인 타나토스는 양면적인 관계로 여기에는 죽음을 통해 죽음을 극복하는 역설적인 논리가 존재한다. 죽음은 새로운 세계의 통로가 되고 또 다른 삶의 시작을 알리는 것이다. 또한 죽음을 의식할수록 삶의 에너지는 더 강렬하게 분출한다.

위의 글처럼 실제로 죽음이 그런가 하는 의심이 없을 수는 없다. 그렇지만 여기서는 더 이상 언급하지 않고 넘어간다. 왜? 읽은 사람이 스스로 생각해야 할 문제이기 때문이다. 죽음을 아름다운 미사여구(美辭麗句)를 써서 설명할 수 있는 것은 아니기 때문이고, 그렇다고 마냥 무시하면서 버티기만 할 수 있는 것만도 아닌 까닭이다.

위의 글을 읽다가 에로스와 타나토스라는 용어가 있는데, 사실 에로스는 단순히 '사랑'이라고만 알고 있었는데, 삶의 본능이라고 했고, 타나토스는 아예 몰랐었다. 그래서 인터넷을 검색하여 찾아보니 철학 정신의학 심리학 미술 영화 등의 분야에서 많은 사람들이 와글와글하는 것을 볼 수 있었는데 비교적 많이 언급되는 용어였다.

그래서 인터넷 검색 결과를 사용하려고 즉 아래 글을 편집하여 인용하려고 하는데, 이 글의 출처가 『인문학 개념정원(서영채, 문학동네, 2013. 06)』이라고 되어 있다. 위의 인용 글은 서영처 시인이라고 했고, 지금 인용하려는 아래 글은 서영채 시인 겸 문학평론가로 되어있는데 어떻게 되는 것인지, 더 확인을 해야 하는 것인지 잘 모르겠다. 공교롭게도 마지막 한 글자가 다르다니. 이왕 이렇게 된 것 또 검색하여 확인해 보니, 서영처 님은 시를 쓰는 여류시인이고, 서영채 님은 교수님이면서 평론가이신 남성이다. 서로 다른 두 분이라는 점만 말한다.

프로이트(Sigmund Freud)가 삶 충동을 에로스(Eros)로 불렀던 것과 짝을 맞추어, 마르쿠제(Herbert Marcuse)는 죽음 충동을 죽음의 신 이름을 따서 타나토스(Thanatos, 그리스 신화에서 죽음을 상징하는 신. 프로이트의 '타나토스'는 '죽음에 대한 본능'을 일컫는 정신분석학적 용어)라 불렀고, 이후 이 둘은 에로스와 타나토스로 불리기도 한다.

Shelly Kagen's Death 원서와 번역본

죽음에 대해서도 보다 체계적으로 접근하는 것이 필요할까 생각을 해 본다. 그래서 Yale 대학교의 셸리 케이건(Shelly Kagan) 교수가 쓴 Death란 책의 번역본(죽음이란 무엇인가, 셸리 케이건 지음, 박세연 옮김, 엘도라도, 2013. 1)을 읽어본 생각이 났다. 이게 2013년에 발행이 되었고, 발행 즉시 사서 읽은 것이기 때문에 그때쯤 읽었다고 생각이 된다.

혹시 기억에 남은 게 있느냐고 물으신다면 『아니요』라고 한다. 그래서 글을 쓰다 말고 뚜르륵 뚜루륵 앞뒤로 여러 번 왔다 갔다 했다. 그랬는데도 쉬운 건 아닌 것 같다는 생각만 하고 덮었다. 생각할 게 뭐 그리 많은지? 그럼 생각할 게 별로 없다는 것인가? 죽음에 대해서. '누군가 말을 해 봐요.' 죽음. 그것참. 말이 적을 수도 없지만 그렇다고 그 케이건 교수의 번역본 책이 500쪽이 더 되는데, 그렇게까지 말이 많아야 되나?

앞뒤로 왔다 갔다 했다고는 하지만 그래도 이 책의 한 구절이라도 인용하지 않으면 안 될 것 같다. 물론 이 인용 부분을 선택한 나의 선택이 죽음이나 이 책의 내용의 이해에 잘못일 수도 있다. 왜냐면 내가 예전에 이 책을 읽으면서 밑줄 쳐 놓은 부분이 너무 많아서 어떤 것을 선택해야 할지 몰라서 그래도 그럴듯하게 이 구절이 맘에 들어서가 답이다. 그 내용은 『죽음이란 무엇인가』 책 304쪽의 아래와 같은 내용이다.

"~왜 죽음이 나쁜가? 죽으면 존재할 수 없기 때문이다. 그렇다면 비존재(nonexistence)는 왜 나쁜 것인가? 삶이 선사하는 모든 좋은 것들을 누리지 못하게 만들기 때문이다. 살아있으면 누릴 수 있었던 모든 좋은 것들을 죽고 나면 하나도 누릴 수 없다. 삶의 모든 좋은 것들을 송두리째 앗아가기 때문에 죽음은 내게 나쁜 것이다.

살아있다면 얻을 수 있는 삶의 좋은 것들을 '박탈'해버리기 때문에 죽음은 나쁜 것이라고 하는 설명은 오늘날 '박탈 이론'이라는 이름으로 알려져 있다.~"

죽음에 대해 그리고 죽음이 나쁘다고 하는 것에 대한 여러 이야기 중에 하나를 설명하는 것이다. 이 내용에 대해서 한마디 좀 더 추가하면, 이 책의 제9장의 제목이 '죽음은 나쁜 것인가'이고, '죽음이 앗아가는 것들-박탈이론(deprivation account)'이라는 소제목의 내용 중에 들어 있는 것이다. 이 내용 중 여러분은 존재(存在, existence)와 비존재(非存在, nonexistence) 그리고 '삶이 선사하는 모든 좋은 것들을 누릴 수 있다는 것'에 충분히 동의할 수 있는가?

아주 무거운 내용이다. 죽음에 대해서 말하는 것은. 그런데 그러지 말아야 한다. 그러지 말라고는 했는데 설명할 능력은 안 된다. 그래서 가만히 생각을 해 보니 Shelly Kagen 교수의 번역본 책에 있는 목차에서 각 장의 제목을 써 본다. 각 장의 제목만 여러 번 반복적으로 읽어 봐도 뭔가 느껴지는 것이 있을 것 같다는 생각이 들어서다.

삶이 끝난 후에도 삶은 계속되는가-영혼은 존재하는가-육체 없이 정신만 존재할 수 있는가-영혼은 영원히 죽지 않는가-나는 왜 내가 될 수 있는가-나는 영혼인가 육체인가 인격인가-죽음의 본질에 관하여-죽음에 관한 두 가지 놀라운 주장-죽음은 나쁜 것인가-영원한 삶에 관하여-삶의 가치는 어디에 있는가-

피할 수 없는 죽음의 무거움-죽음을 마주하고 산다는 것-자살에 관하여, 이 책은 총 14장으로 구성되었는데, 1장부터 14장까지의 장 제목이다.

너무 유명하지만 그렇다고 읽어봐야 하는지 모른다. 왜? 책을 다 읽었다고 해서 죽음을 가볍게 여길 수 있는 게 아니다. 또 다른 입장으로는 책을 안 읽었다고 해서 죽음을 생각해보지 않는 것도 아니다. 생각을 안 하는데 생각나는 것이 죽음이다. 그런데 입장을 한 번 바꿔 볼 필요가 있다. 죽음이 아니라 사랑으로 말이다. 아니면 행복이라는 단어로 말이다.

이 몇 가지 단어들은 형이상학(形而上學, metaphysics)이다. 눈으로 확인하려는 단어들이 아니다. 그렇다고 눈에 보이지 않는 단어들이라고 해서 없는 것도 아니다. 사랑도 행복도 책에 노래에 영화에 수도 없이 많이 등장하고, 그 많은 것들을 다 읽고 듣고 보고 한 사람도 있다. 그렇지만 그 사람들이 사랑이나 행복을 이해했다고 하는 경우도 없다. 그 사랑이나 행복이 어려워서 그런가 하고 생각하지만 어쩌면 너무 평범하게 생각할 수 있는 것이라 그럴 것이다.

항상 근사치(近似値)로 다가가는 답처럼 어딘가를 맴도는 느낌으로 사랑이나 행복을 느끼면서 사는 게 사람의 삶이다. 같은 의미로 사랑이나 행복을 다룬 책도 노래도 영화도 읽지도 않고 듣지도 않고 보지도 않은 사람이라 해도, 그 모두를 다 경험하고 즐긴 사람과 차이가 나겠는가? 그렇지 않다. 사람의 본능(本

能, instinct)에는 경험(經驗, experience)이 가져다줄 수 있는 게 없다. 아무리 처음 경험한 것이라도 그게 사랑이었다면, 사랑을 느낄 수 있다. 또 어떤 것에 행복한 느낌이 들었다면 그 또한 본능적으로 행복을 느낀다.

경험상 어느 것이 사랑이거나 행복이라거나 느끼는 것이 아니라 본능에 의해서 알 수 있다는 것이다. 그래서 사람의 본능이 경험으로 알 수 있는 게 아니라고 말했다. 본능은 어쩌면 그 자체로 생명(生命, life)이라는 생각이 든다. 본능적이지 않는 사람이 살아 있는 사람인가? 본능적이지 않은 사람이 생명이 있는 사람이라고 할 수 있는가?

한 바퀴 돌아 나온 것처럼 느낄 수 있지만, 죽음도 마찬가지다. 어느 순간에 죽음을 맞이하게 되면 그것이 죽음이라는 것을 느낄 뿐이다. 그런데 사랑이나 행복이란 것의 느낌은, 느끼고 나서도 살아서 생활하고 반복할 수 있다는 점인데, 죽음은 1회만 가능하며 반복할 수 없다는 것이다. 그래서 그것의 가치가 분명히 중요하고, 반복되지 않는 것에 대해 아쉬움이 진하게 남는 것이다.

그 아쉬움의 최대치가 어떤 것인지는 모르지만, 그래서 그 최대치보다 더 높은 값이 되게, 더 많은 날들 가능하면 하루하루를 매번 최선을 다해서 살아가야 한다는 생각이다. 그렇게 살아도 결국은 아쉬울 것인데, 그렇게 살려고 하지도 않는다는 것은 그 자체로 참 슬픈 일이다. 죽음은 결국 사람들이 나이가 들어

가며 죽어가는 것에 대해서 말하는 것이 아니라 지금 살아 있는 것과 앞으로 살아가는 것에 대해서 가장 적극적으로 자기 자신에게 잘살아 보자고 다독이며 설득하는 그리고 노력하는 모습을 그리는 아름다운 도구일 뿐이다.

사람들 중에 많은 이들이 어쩌면 억지 말장난이라고 생각할 수도 있다. 그렇다. 거의 말장난임에는 틀림이 없다. 그렇다고 그 이상이 있겠는지 생각해보시라. 이런 생각, 저런 생각을 해 보겠지만, 생각해서 답이 나올 리도 없고, 생각해 봤자 더 혼란스러울 뿐이다. 다시 한 번 더 말하지만, 가끔은 죽음을 생각해 보자. 그런데 아름다운 도구로 여기고 생각해 보자. 남은 시간 잘살아 보자! 참 의미는 없지만, 우리에게 친숙한 단어 하나 크게 외치면서 아자아자, 싸우자(fighting)! (끝).

시간 때우기

02-03-0015

/

2018. 05. 16(수)

이 글에 사용된 단어들	#시간
	#상대적 박탈감
	#양심
	#가치판단-죄의식
	#무한-유한구간

사람들이 살기는 사는데, 왜 사는지에 대해서 항상 궁금해 합니다. 그것에 대해서 정해진 답을 찾는 것은 쉽지가 않습니다. 아니면 없을 수도 있고요. 그래도 이런저런 생각을 해보기는 하는데 결국 가장 중요한 것이 시간이 아닐까 해요. 그냥 시간이라고 하기보다는 사람이 산다는 것은 시간이 흐르면서 나이가 쌓이고, 나이가 쌓이면 사람으로서 해야 할 역할이나 임무가 계속 바뀌니까요.

아이에서 청소년으로 청소년에서 중장년으로 그러다가 노년이 되어 약간 불규칙하지만 그래도 주민등록 순서대로 사람에서 사람이 아닌 경우로, 어떤 사람은 갑작스레 재(灰)가 되기도 하고 어떤 사람은 서서히 흙(土)이 되기도 하고 마침내는 태어나기 이전 아무것도 없던 상태(無)와 같아지는 경우이겠지요.

그런 삶의 여정에서 역할과 임무가 바뀌면 명칭도 바뀌는 경우가 있는데, 남자는 소년에서 청년으로 그리고 군인이었다가 잠시 총각이라 불리다가 아버지라는 이름이 되고, 아버지라는 이름과 아저씨라는 이름으로 한동안 살다가 어떤 여자가 갑자기 아버님이라고 부르거나 역시 마찬가지로 모르던 놈이 찾아와 갑자기 장인어른 소리를 듣게 되면, 그리고 얼마 후에 참 이상야릇한 감정이 된다고 하는 할아버지 같은 생각을 가지게 되고는 결국 할아버지가 됩니다.

여자는 소녀에서 여학생과 청년으로 함께 불리다가 그리고 아가씨, 아가씨에서 어머니가 되고, 어머니와 아주머니로 제법 오래 살다가 갱년기라는 불안감과 후회감 같은 것 또는 여하튼 기분 나쁜 여러 감정이 한 번 왔다가 가기도 하고 아니면 좀 더 오래 괴롭히려고 할 때, 누군가 장모님이라던가 어머님이라고 부른다고 하면 역시 할머니까지 이르게 되겠지요.

이런 상황 역할 임무가 바뀌는 것은 유한(有限)한 삶을 살아야 하는 인간 모두의 숙명(宿命)입니다. 그래도 아무리 숙명이라지만, 살다 보면 더 좋은 때가 있었지 않겠습니까. 물론 이 좋은 때도 사람마다 다 차이가 있을 것이지만요. 경제적인 것 하나를 보더라도, 요사이 쓰는 말로 표현해 보면 금수저 은수저 동수저 흙수저 아주 심한 경우 무수저? 그럼 손가락으로 퍼먹나? 이런 말들이 쓰이는데, 금수저인 경우는 평생을 재미있다고 하겠지요.

한 80년대 전후에는 대부분 많은 사람들이 은수저 정도는 되지 않나 라고 생각을 했었던 것 같은데, 지금은 많은 사람들이 그게 아니라고 생각하는 듯합니다. 아마 상대적인 박탈감(剝奪感) 때문이 아닌가 해요. 소수의 금수저들이 워낙 많이 금수저를 가지고 있어서, 쓰지도 않을 금수저까지 집안 창고에 너무 많이 쌓아 놓으니 그런 것 같아요.

그런데 있잖아요, 그거 별거 아니에요. 형법(刑法)에서 구속(拘束)이라는 단어가 있잖아요. 신문에도 티브이에도 구속이라는 단어가 나오는데, 그 사람들은 - 아마 많은 사람들이 금수저가 아니라, 본 적은 없지만 들어 본 적은 있는 것 같은 - 물방울

다이아몬드를 입에 물고 태어났을 것인데, 그 사람들한테 그 단어를 쓰고 있잖아요.

구속은 몸을 가둔다는 뜻인데, 몸의 부자유보다 더 치욕적인 것이 명예일 수 있어요. 그러면 그 사람들은 정말 죽을 것 같을 거야라고 생각해야겠지요. 그런데 명예는 또 돈 몇 푼 주면 회복된다고 생각하고 아니면 그까짓 거 없으면 말지하고 살아요. 양심(良心)도 좋은 단어이고 꼭 마음속으로 가지고 싶은 단어이잖아요.

그런데 이 단어 양심, 사람들이 착각하는 게 있어요. 이 양심이란 단어가 법률용어이고, 처벌의 대상인가요? 양심이란 단어는 법률용어는 아니잖아요. 약간 비난은 받을 수 있는 단어 정도일까요. 이 단어도 아마 그 사람들한테는 약간 거추장스러울 수 있을 거예요. 아마도 그 사람들이 생각하기를 없는 놈들이 가끔 헛소리로 하는 말인 줄 알겠지요.

별별 사람들이 다 있어서 뭐라고 할 수는 없지만, 옛날 경주의 최부자 댁이라던가 제주 상인 김만덕, 근대의 우당 이회영 가문, 간송 전형필 같은 분들, 그 외에 많은 재산을 가지고 귀감이 되는 삶을 사신 분들이 많은데 잘 알지를 못해서 더 이상 소개를 못 하겠네요.

또 한 가지 짚고 싶은 것은 통상 부자라고 하는 사람들은 어쩌면 더 열심히 노력해서 부를 정상적으로 쌓아 잘 살고 잘 쓰고 있는 것으로 생각해야 한다는 점을 강조하고 싶다. 여기에서 '열심히'라는 단어가 참 어렵다. '열심히'는 일을 '열심히'라는 뜻인데, 중요한 것이 일을 해서 얻게 될 경제적 의미의 부가가치(附加價値)이다.

예를 들어 설명하기가 어렵지는 않은데, 그렇다고 예를 들면 또 문제다. 그래도 예를 들어 본다. 가령 청소 노동자가 일을 열심히 안 한다고 말할 사람이 누가 있겠는가? 분명 열심히 일한다. 그리고 사회적으로도 가치 있는 일이기도 하다. 그러나 중요한 것이 경제적 가치로 환산하였을 때, 그 가치가 크다고 하기가 어렵다. 현대는 경제적 가치로 모든 것을 판단한 이후에 그다음에 또 다른 어떤 가치가 남아 있는지를 생각한다.

이런 판단이 잘 된 것인지 아니면 잘 못 된 것인지를 개인이 판단할 수는 있으나, 그 개인의 판단에 따라 경제활동의 모든 책임을 역시 개인이 감수하면서 살아야 된다. 그래서 요즘 많은 사람들이 경제적 가치를 우선하여 살기 때문에 도덕적 가치판단이나 사회적 가치판단을 우선하기가 곤란해졌다. 이 말은 최근의 죄의식(罪意識)의 약화라고 한마디로 말할 수도 있겠다.

그냥 낙서하듯 암호 쓰듯 몇 개를 쭉 쓰면, 노(1995. 11. 06), 전(1995. 12. 02), 박(2017. 03. 31), 이(2018. 04. 09)이다. 권력 돈 무능이 가치라고 생각했던 게 아닌가 싶다. 그리고 김(2012. 08. 16), 최(2013. 02. 01), 이(2017. 02. 17) 등 돈 몇 푼 가지고 놀이하는 사람들인데, 과도하게 경제적 가치에 집

중했다고 볼 수 있지 않을까 생각된다. 또 김(2017. 01. 21), 조(2017. 01. 21), 우(2017. 12. 15) 등 권력 놀이하던 사람들이라고 볼 수 있는지는 모르겠는데, 권불십년(權不十年)이라 했던가, 실제로 생각해보니 10년 이상도 있지만 10년도 못 가서 탈이 났다.

괄호 안의 숫자, 년-월-일은 하여튼 자기만 아는 구속 날짜입니다. 자랑스러운 날이라면 모를까 국민까지도 창피스러운 날들입니다. 그리고 아직도 많이 남아 있는데, 이거 뭐 얼마를 더 찾아 써야 할지 모르겠네요. 그래서 여기서 고만이라고 하고 '참 xx 같은 x'이라고 씁니다.

한국 사람이 소고기를 먹고 싶으면 당연히 한우(韓牛)를 먹어야 하는데, 한우는 생각보다 꽤 비싸요. 그래도 그 구속되었던 사람들 최고급 한우 등심구이 먹고도 모자라 외국에서 발음하기도 어려운 치즈니 뭐니 별것을 다 사다 먹는가 봐요. 맛있겠어요. 갑자기 한우라는 단어를 쓰다 보니 호주산 소고기가 먹고 싶어지네요. 한우는 거의 한 번도 먹으려고 생각도 안 해봐서 그런지 부지불식간에 느닷없이 호주산이라는 단어가 나왔네요.

일단 한 번 자르고, 우리가 평생을 살면서 언제가 가장 혼란스러운 시기라고 생각이 들까요. 20대 청년들에게 4~50년 중년대의 삶을 물어보면, 부모들의 삶을 유추해서 말하기는 하겠지만, 말한다고 아는 것은 아니겠지요. 60대에게 20대 때에 어떠했는지를 물어도 지난 40여 년의 시간의 차이 때문에 옛날 얘기가 될 것이고요.

그러니까 서로는 서로를 이해하기가 쉽지 않습니다. 아주 극단적으로는 내가 나를 잘 모른다고 해도 틀린 말은 아닐 것입니다. 여하튼 이쯤에서 시 한 편 읽을게요. 이 시는 "혹시"라는 제목으로 2018년 4월 22일 일요일에 쓴 것입니다. 내용이야 어떻든 한 번쯤 살면서 욕망이라는 것도 있었고, 그것에 비유해서 삶의 여러 곡절이 있었는데, 자꾸만 주춤거리는 것이 좋아 보이지 않기 때문에 그러지 말라는 의미로 쓴 것입니다. 한 번 읽어 보시기 바랍니다.

혹시

무엇을 물어보기가 쉽지는 않지만
사는 게, 지금까지 살아온 게, 살 만은 했는지
사는 게, 지금부터 살아갈 게, 살 만은 할 건지
산 것을 무엇이라 말하겠어요.
살 것을 어떻게 말하겠어요.
아마도 산 것처럼 또 살아가겠지요.

처음도 아닐 테고 그렇다고 마지막도 아닐 테지만

혹시

따뜻한 잠자리에서, 진짜 어느 날

불감으로 침묵으로 신음으로 괴성으로 아니며 어떠하든

당신과 당신의 원초적 본능으로 그 시간을 가졌나요.

허허. 말로도 못 하고 손짓발짓으로 할 수도 없고

인생마저 혹시나 해서 사는 것인지

괜찮아요. 당신만 그런 것은 아닐 거예요.

당신만 그럴 거라고 생각하는 것은 정말 당신뿐이에요.

당신만 그럴 거라고 생각하는 또 다른 당신도 그래요.

혹시 어느 날

따뜻한 잠자리. 따뜻한 마음, 따뜻한 몸이 되고 싶으면

그렇게 하세요. 당신을 위한 삶이잖아요.

또 혹시 어느 날

그날이 무슨 날인지 무슨 일인지 말하지 않겠지만

그날을 살아보아요. 온전히 나를 위한 그 날로

혹시 또 어느 날

아무 생각 없이 용기가 필요하면, 용기를 내세요.

이 세상, 살아 보기는 하지만

특별한 것 없는, 별거 아니에요.

읽어 보셨나요. 역시 별것은 아닙니다. 언젠가 말했고 그리고 지금도 말하지만, 우연이라도 밑줄 치고 읽으며, 오래 기억하고 싶은 좋은 문장 하나 쓰는 게 꿈인데, 그 길이 멀다는 것 아니면 불가능할 수도 있겠다는 생각을 다시금 합니다. 삶에 대해서 이런저런 두런두런 이야기하다가 갑자기 샛길로 빠졌는데, 다시 가 봅시다.

지금 우리가 살고 있는 시대는 과거의 한 시간과 지금의 한 시간이라는 시간의 크기는 같지만, 시간에 대한 느낌은 생각보다 시간이 빠르게 지나가는 것 같습니다. 과거 수백 년간 이뤄 놓은 인간의 업적 총량이 근래 100여 년 동안 이룬 업적 정도가 되고, 게다가 근래의 100여 년도 현대의 불과 10여 년 정도가 되는 정도로 압축 성장하고 있는 것 같습니다.

과거에 현저한 기술의 발전을 표현할 때는 눈이 부시다는 표현을 쓰고는 했는데, 이제는 이 정도로는 안 되고 머리가 돌 지경이라는 단어를 써야 할 것 같은 시대입니다. 그럴 만큼 시대의 변화도 빠르고 기술 발전의 속도 또한 빠릅니다. 그만큼 그런 발전된 국가에서 사는 국민들의 삶도 많이 윤택해진 게 사실입니다.

그런 시대에서 수저(다른 말: 시저(匙箸), spoon: spoon and chopsticks, 匙: 숟가락 시, 箸: 젓가락 저)에 대해서 말하고, 그 수저의 재료를 말하니, 그게 수저의 색깔이 되고, 그 색깔이 사회적 삶의 모양새로 비추어지는 것을 봅니다. 금색 은색 동색 흙

색의 색 그러면 무수저는 그럼 백색이거나 흑색이 되는 것인가요? 아주 심하게 손가락으로 먹으니 살색이라고 해야 하나요.

우선 최첨단 티브이, 핸드폰 등 가전제품이나 역시 최첨단 자동차 등은 우리나라에서는 쉽게 구입할 수 있습니다. 돈이 준비된다 싶으면 언제 어디에서나 구매가 가능한 상품입니다. 그런데 아프리카나 남아메리카에는 잘 수출하지도 않습니다. 왜 그럴까 심각하게 생각할 필요도 없습니다. 티브이는 방송국도 없고 송출시설도 없고 전기시설도 나쁘고 거의 거울로 써야 하는데 살 필요가 없습니다. 자동차의 경우도 그렇게 빠르게 가야할 이유가 별로 없기 때문에 그런 것이 하나의 이유 일 겁니다. 물론 장난 같은 이유이지만 사실이기도 합니다.

그런데 그 사람들은 원래 못 사니까 하고, 이대로 못사는 사람들이라고만 생각을 하고 끝을 낸다면, 거기에 사는 사람들의 삶은 가치가 없는 것으로 생각하고 말면 되는 것인가요? 그렇지 않을 것 같습니다. 사람들은 일정 부분 상대적(相對的)으로 삶을 살고 있습니다. 상대적 삶이 좋은 거라 말할 수는 없지만 일정 부분 사실인 것을 어떻게 하겠습니까.

아주 잘 사는 사람들이 소수가 있고 중류도 어느 정도 있다고 하고 그리고는 많은 사람들이 가난하게 산다면 못사는 사람들의 상대적 박탈감이 크고, 그 상대적 박탈감은 행복과도 관련이 있어, 행복하지 않을 이유가 별로 없는데도, 별 이유도 없이 행복해지기 어려울 것입니다. 선진국이 그런 현상이 많고, 우리나라의 경우도 그런 경우에 속한다고 할 수 있을 것입니다.

그에 비해 아주 부자인 사람이 없는 것은 아니지만 대부분의 국민들이 엇비슷하게 산다면 상대적 박탈감이 적고 행복 도는 높아질 것입니다. 삶을 경제적 가치로 비교하지 않기 때문일 수도 있다고 생각하기 때문입니다. 아프리카나 남아메리카 그리고 갑자기 생각나는 나라가 부탄인가 하는 나라인데, 아마도 세계에서 행복지수가 제일 높다고 했던 기사를 본 적이 있는 것 같습니다.

지금 너무나 많은 사람들이 경제적 어려움 그리고 그 상태를 벗어나기 어려운 현실 그런 것 때문에 삶이 어렵다고 생각할 것입니다. 그런데 삶의 기준을 바꾸면 되는데, 한 번도 경제적으로 만족스럽게 살아 보지 못한 사람들에게 그러기에는 정신적으로 너무 어렵습니다. 그렇다고 여러 번 반복되는 이야기가 되겠지만 그렇다고 해서 달라질 것이 있을까요.

한 번도 생각해 보지 않았던 시간은 역시 한 번도 쉬지 않고 흐르기 때문에 뒤돌아보는 순간 어느새 많이 흘러갔습니다. 흐르고 또 흐르고, 그 와중에 젊음을 열정을 가지고 있던 사람은 내가 아니라 한참 후배인 어떤 사람의 시간입니다. 나는 어딘가로 많이 흘러간 시대에서 살고 있는 사람이 되었습니다. 누구라도 같은 현상을 겪으며 살고 있는데 그렇지 않을 거라는 착각이, 착각이 아니고 눈으로 똑바로 보고 있더라도 그렇게 되는 것이 인생입니다.

어떤 말을 해도 정해진 반경을 벗어날 수는 없고, 계속 반복되는 말들이 이런 식으로 했다가 저런 식으로 했다가 그러다가 보니 같은 말이 반복되고 있구나 매번 느끼게 됩니다. 어느 순간 반경의 열 배 내지 스무 배 되는 거리로 뛰지 않는 한 한 발짝과 두 발짝은 역시 같은 반경에 수렴되어 살게 됩니다. 이것을 누구의 삶이라고 할 수 있나요. 내 삶이 그런 것이지요.

이 세상을 살면서, 어떻게 사는 게 좋겠는지를 묻는 것이 좋을까요? 머리에서는 한순간을 보거나 생각하면 순식간에 수백 수천의 신경세포를 통해 각각의 답이 되는 생각을 만들어 내겠지만, 그것도 결국 답이 되지 않는다는 것을 알고 있잖습니까. 무엇을 물어보고 거기에 뭐라고 말하는 게 좋겠습니까? 거꾸로 물어보고 싶습니다.

삶은 시간을 흘러 보내는 것일 뿐 아무것도 아닙니다. 잘 살면서 맛있는 것을 많이 먹고 행복하다고 말하던 사람의 시간도 그렇고 그 반대인 가난하고 거친 음식을 먹어가며 행복하지 않은가를 고민하며 사는 사람도 그에게 주어진 시간은 같은 것입니다. 그래도 흘려보내는 시간 때문에 반대로 삶을 생각해 보게 되는 것이겠지요.

시간은 무한일까요? 유한일까요? 시간 자체는 무한도 아니고 유한도 아닌 하나의 단어입니다. 그런데 이 시간이 살아납니다. 어떻게 살아나냐면, 시간 속에 또는 시간과 함께 사는 사람들이 시간을 의식합니다. 그러면서 시간이 흐르고 있다는 생각도 합니다. 결국 사람이 시간을 의식하고 시간으로 흐른다고 느끼는 것이기 때문에 살아납니다. 그 시간은 사람의 수만큼 유한개로 쪼개진 채로 각자 살아나고 흐르고 어느 순간 그 사람과 함께 사라집니다.

결국 시간은 유한한 사람의 수만큼 유한개로 쪼개진 채로 흐르기에 유한의 유한 합은 결국 유한한 것일까요? 아니면 어딘가에 모순이 있어서 무한을 유한으로 착각한 것일까요? 허허. 웃음이 나옵니다. '도대체 이 뭔고?'

이제 서야 조금 확신할 수 있는 뭔가가 생겨나는 것 같습니다.

에라 아무렇게나 되어라. 시간. 너 무한이라고 해라. 그리고 너는 너대로 무한히 흘러라. 나는 내 명대로, 시간! 너의 무한한 구간 중에 극히 짧은 한 구간, 유한한 구간 어딘가를 쓰겠다. 그 유한한 구간마저 진폭이 큰 진동을 하겠지만, 아무렴 그게 대수이겠느냐. 한 번 살아보겠다는 데. (끝).

빈 칸 2 : 추억 또는 한마디, 쓰고 싶은 것 쓰기.

1.

2.

3.

4.

시간 때우기

02-04-0016

/

2018. 05. 18(금)

이 글에 사용된 단어들

#걷기
#제주 올레길-산티아고 순례길
#클라이버 법칙(Kleiber's Law)
#안하무인-후안무치-오만방자
#생각(thinking)

길 걷기가 유행이다. 그냥 걷기 하면, 길을 걷는 것이기는 하지만, 요사이는 길 걷기에도 이름이 있다. 예전에는 걷기 하면 덕수궁 돌담길 정도가 생각이 났지만 요사이는 몇 수십 또는 수백 미터인 도심지역의 짧은 길 걷기가 아니라 수 킬로 또는 수십 킬로미터를 걷는 걷기가 유행하고 있다.

우리나라에서 걷기 하면 우선 제일 먼저이면서 유명한 것이 제주도 올레길이 아닌가 싶다. 제주 올레길은 제주도 섬 전체에 거의 20여 개 코스가 구성되어 있으며, 각 코스는 주로 제주 해변을 끼고 걷게 되어 있고 또한 걷기에 좋게 잘 정비해서 총거리가 400여 Km가 되는 것으로 알고 있다.

참고로 '올레'는 집 앞 대문에서 마을 앞 큰길까지 이어 주는 좁은 골목을 이르는 제주도 방언이면서 최근에는 제주도를 걸어서 여행할 수 있도록 이어진 길을 뜻하기도 한다. 또한 제주 올레길의 모델은 스페인의 산티아고 순례 길이라고 하는데, 산티아고 순례길은 종교적인 목적을 가지고 1,000여 년 전에 시작되었으나 지금은 종교와는 무관하게 전 세계인이 찾는 것으로 알고 있다.

제주 올레길 이전에 아마도 처음으로 길을 걷는 게 유명해진 것이, 유럽 국가 중 스페인의 '산티아고 순례길(까미노 데 산티아고, Camino de Santiago)' 그러니까 스페인 주변 각지에서 스페인의 북서부에 위치한 '산티아고 데 콤포스텔라(Santiago de Compostela)'를 향해 길을 걷는 것이 아닌가 싶다. 이것이 세계적으로 유명하고 그러니까 제주도에서 이와 유사한 개념으로 지친 현대인들의 휴식 시공간을 만들어보자는 생각으로 시작했던 것이 아닌가 싶다.

누군가 처음 이런 생각을 했는지는 당연히 모르지만, 여기에 중요한 단어가 하나 있다. 뭘까 생각해 봅시다. 아마도 '지친 현대인'과 '시공간'이 아닐까 생각한다. 지친 현대인이 없으면, 물론 '시간 많고 돈도 쓸 만큼 있는 은퇴인' 내지는 '내 인생은 나의 것을 외치는 개인'이 늘어나면서 가능은 했겠지만, 그것만 가지고 저돌적으로 추진하고, 그래서 현재 이렇게 성공적이 되지는 않았을 것 같은 생각이 듭니다. 결국은 지친 현대인이라는 말이 필요할 것 같은데…

그리고 또 유명한 것이 전남 완도군 청산도라는 섬에 있는 청산도슬로길(해석 : 청산도 slow 길)이 있는데, 이 길은 4월 말 ~ 5월 초의 청보리 길 걷기가 특히 유명하다. 경상남도와 전라남북도 3개 도의 5개 시 군인 남원시, 구례군, 하동군, 산청군, 함양군에 걸쳐 있는 지리산둘레길, 경상북도 문경의 문경새재길 걷기 그리고 또 어디가 유명하다고 해야 하나 잘 모르겠지만, 그 외에도 전국 여러 군데에 걷기 길이 있다는 것은 알고 있다.

마지막으로 걷기 길 중의 하나는 걷기 길로서 유명한지는 잘 모르겠는데, 내가 잘 알고 있고 또한 주제가 분명한 걷기 길이 충청남도 당진시, 서산시, 예산군, 홍성군의 4개 시군에 걸쳐 걷기 길이 조성되어 있는 내포문화숲길이 있다. 주제가 분명하다고 했는데 소개하면 백제부흥군길, 원효깨달음의길, 내포 천주교 순례길, 내포역사인물-동학길 등 4개의 주제이다.

각 주제의 제목만 읽어봐도 대략 그 내용을 이해할 수 있을 것으로 생각이 될 것으로 생각이 되는데, 그중 하나가 동학 길인데, 이 길은 동학농민운동이라고 알려져 있는 것으로 연구가 많이 되어 있지 않아 다른 역사적 사실에 비춰 조명을 받지 못하고 있는 것으로 생각이 된다.

여하튼 걷기 길이라는 게 우후죽순 그러니까 비가 오고 난 후에 대나무 순이 후드득 올라오듯 전국 각 지자체마다 만들어지고, 무조건 축제라는 이름으로 행사를 시작하는 것을 볼 수 있다. 우리나라 곳곳에서 열리는 여러 행사가 대개는 동네 친목계처럼 동네 사람 얼굴 보듯이 하는 행사가 많은 이유가 한번 소문 비슷한 게 만들어지면 그게 사실이 되고 확산 속도는 인터넷 속도처럼 세계 최고인 것 같다.

그런데 길을 걷는 것이 오늘의 주제가 아닌데, 꼭 주제인 것처럼 주절주절 많이도 진행됐다. 하기야 시간 때우는데 뭔 놈의 주제가 필요할까 마는 이왕 이렇게 되었으니 가는 대로 가보자. 그리고 길을 걷는다는 것의 이유나 목적 이런 것을 정색을 하고 따지면 조금 복잡해지니까 그런 공식적인 것은 없다고 하고 단어로서 이유니 목적이니를 쓰자.

사람들이 길을 걷는다면 왜 걸을까 궁금하기는 하다. 나름대로 개인마다 여러 가지 이유가 있을 것인데, 대략 빨리 생각나는 순서로 적어보자. 우선할 일이 없어서 시간 때우기를 하려고 둘째는 몸을 건강하게 유지 내지 만들기 위해서 그리고 꼭 가보고 싶은 여행지를 찾아서 그다음은 머리를 식히고 휴식을 취하기 위해서 그 다다음은 길을 걷는 행사 즉 기념 행군 등과 같은 이유로 그 다다다음은 모르겠고, 더 이상 생각해 낼 수 없으니 여기까지라고 해 두 자.

길을 걷는 이유라고 몇 가지를 적어봤지만 그게 전부이든 아니든 별 상관은 없다. 여기에서 중요한 것은 걷는다는 것이고, 걷는다는 것은 그럼 무엇인가를 생각해 보고 싶은 것이다. 여하튼 길을 걷는다는 것에서 그냥 걷더라도 그것은 생각을 하기 위해서 일 것이다. 여기에서 생각이란 단어가 여기저기 반복되어 쓰이는데, 읽다 보면 각각이 구별이 되리라고 본다.

그러면 사람들은 무슨 생각을 하고 어떻게 생각하고 하는 것일까가 궁금하다. 무슨 생각을 할까도 한마디로 설명할 수 있는 게 아니란 것을 안다. 먹고사는 생각, 사랑에 대한 생각, 행복에 대한 생각, 철학에 대한 생각, 음악에 대한 생각 등 앞의 명사 하나를 선택해서 '~에 대한 생각'만 붙이면 된다. 그와 같은 이유로 어떻게 생각하는 것일까도 먹고사는 문제에 대해서 어떻게 생각하고, 사랑에 대해서 어떻게 생각하고, 행복에 대해서 어떻게 생각하고, 철학에 대해서 어떻게 생각하고, 음악에 대해서 어떻게 생각하고 등 앞의 명사 하나를 선택해서 '~대해서 어떻게 생각하고'만 붙이면 된다.

이쯤에서 글의 내용과 관계가 있는지는 잘 모르겠지만 시 하나를 읽어 보자. 시골에서는 길을 지나가다 보면 참새라는 새를 보게 되는데, 참 작은 새다. 몸무게도 별로 안 나갈 것 같다. 몸이 작고 무게도 적으면 빠른 맥박과 짧은 수명을 가지고 있다. 참새가 그렇다. 그런데 실제로 죽은 참새를 보았다. 그래서 그 상황 때문에 억지로 써진 것 같은 마음일 수도 있으나, 그것까지는 모르겠다.

참새가 죽어 있다

작은 도랑에는 썩은 물이 흐르고
그 옆에는 큰 길이 있는데
그 큰길을 걷고 있다
그 큰길가에는 작은 참새 한 마리가 새가슴한 채
고스란히 죽어 있었다.
그 죽은 참새를 보면서
동료 참새는, 그 참새의 죽음을 아는지
동료 참새는, 그 참새의 죽음을 슬퍼했는지
동료 참새는, 그 참새의 죽음에 예를 다 했는지

사람들이 생각해보는 것들을 생각했다
쓸데없는 생각이다. 그깟 참새 한 마리를 가지고
살 만큼 사는 것보다 대부분 더 살기도 하고
살기는 사는데, 살기도 더럽게 어려워지고
사촌도 이웃사촌도 거의 사라져가고
나는 나 혼자 산다는 것처럼 살게 되어서
별로 볼 것도 생각할 것도 없어져 간다. 세상이
개나 고양이가 죽은 새를 먹을까 봐
그래서 개똥이나 고양이 똥이 되지 말라고
똥물 같은 도랑으로 날라 처박혀서
빨리 지구와 합체하라는 기원을 담아
발로 퍽 차 날려 버렸다. 도랑에 퐁당 빠지게
지극히 인간적인 마음, 인간적인 심정이었다.
지금은 간혹 인간도 비인간적일 때가 많다.

빠른 맥박이 수명과 관련되었다는 것은 심장이 일생 동안 뛰는 횟수는 학자마다 다르지만, 평균 15억 회에서 23억 회 정도로 추산한다. 지구상의 모든 포유류와 조류 같은 동물들도 평생 이만큼 심장이 뛴다고 한다는 사실이 있는데, 이것은 비교적 널리 알려진 내용이다.

약간 샛길이지만 이러한 사실을 이론적으로 설명한 학자가

스위스 출신 농생물학자인 막스 클라이버(Max Kleiber)가 세운 클라이버 법칙(Kleiber's Law)인데, 처음으로 보고한 것이 1932년이 다. 클라이버 법칙은 대부분 포유류와 조류 같은 동물의 기초대사율은 체중의 3/4 제곱에 비례한다는 것으로, 이들 동물의 기초대사율(basic metabolic rate, B)을 B라 하고 체중(mass; M)을 M이라 하면 B ∝ M3/4 이 된다는 것이다.

또한 이 법칙으로 알 수 있는 것은 심장 박동(heart beat, H)은 체중의 4분의 1 제곱에 반비례하고(H ∝ M－1/4), 수명(life; L)은 체중의 4분의 1 제곱에 비례(L ∝ M1/4)한다는 내용이다. 가령 클라이버 법칙을 적용하여 여러 동물들의 몸무게와 분당 심박 수(beats per minute, bpm) 그리고 평균수명을 비교하면 대략 아래와 같다고 한다.

표. 클라이버 법칙 (Kleiber's Law)의 적용

동물	몸무게 (kg)	분당 맥박수 (bpm)	평균수명 (year)
고래(향유고래)	50,000	10	50 ~ 70
코끼리	4,000	30	60 ~ 70
사자	200	60	20 ~ 30
인간	60	70	80 ~ 99
닭	1.5	300	12 ~ 15
기니피그	0.8	450	08 ~ 10
쥐	0.025	800	02 ~ 04

여기서 한 가지 글을 읽으며 주의할 점을 밝히면 그러면 클라이버 법칙은 정말 잘 들어맞는 법칙으로 정확하고 일반화할 수

있는가에 대한 것이다. 이 법칙 때문에 농학자 생물학자 심리학자 수학자 의학자 등 수많은 사람들이 관심을 가지고 연구도 하고 비교도 하고 한마디로 별별 짓을 다 했다고 볼 수 있겠다. 그러면 결론이 깔끔하게 났을 것으로 기대하겠지만 아직도 많은 논란이 되고 있다.

그래서 이 표는 각 동물들의 평균수명이 대충 이 정도이구나 하는 정도의 관심을 보이면 되는 것이고, 재미로 읽어보면 되는 것이다. 평균수명은 원래 편차가 크기 때문에 평균값에 고정된 생각을 가질 필요는 없다. 다만 한 가지 앞에서 말했듯이 몸 또는 몸무게가 작으면 상대적으로 맥박수가 빠르고, 수명이 역시 짧다는 정도는 이해할 수 있을 것으로 생각된다. 그래서 10g이나 20g 정도밖에 안 되는 참새가 앞의 시에서처럼 불쌍해 보였던 것이다.

또 하나 위 표의 데이터는 한 군데 모여 있는 게 아니라 인터넷 여러 군데를 돌아다니며 동물 하나하나의 정보를 모았다. 그래서 출처를 밝힐 수 없었다. 이렇게 만들었으니 데이터 자체의 신뢰성이 높다고 할 수도 없다. 그러나 상상해서 만든 데이터는 아니지만 그렇다고 딱히 근거가 있다고 하기도 어렵다는 말도 하고 넘어가고 싶다. 가볍게 봐 달라는 뜻이다.

다시 돌아와 표를 보면 대략 적으로 몸무게가 많이 나가면 수명이 증가하는 현상을 볼 수 있는데, 유독 눈에 띄는 수치 하나를 보게 될 것이다. 바로 인간의 평균수명이다. 인간의 평균 수명은 클라이버 법칙에 따르면 60년이 채 안 되어야 한다. 그런데 평균값으로 비교하면 20년 내지 30년 또는 그 이상을 더 살고 있음을 알 수 있다.

인간의 수명연장(壽命延長)은 분명 자연(自然)이 스스로 인간에게 준 혜택(惠澤)은 아니다. 인간은 헤아릴 수도 없이 많은 식물과 동물을 하루 동안 그리고 평생 동안 먹이로 공급하기 위해 노력한다. 단지 생명 연장의 꿈만을 위해서가 아니라 맛이라는 또 다른 해괴한 인간의 행위는 스스럼없이 자연도 파괴하면서까지 다양한 식물을 재배하고, 고기라는 단백질을 공급하기 위해서 사료작물을 재배한다.

그렇게 생산한 식물을 즐기고 또한 사료작물로 키운 동물을 맛있게 먹기 위해 모두 죽인다. 거기에다가 사람들이 알아낸 그리고 만들어 낼 수 있는 가능한 모든 화학물질을 동원하여 질병을 치료하면서 수명연장을 하려고 필사적(必死的)으로 노력한 결과이다. 사람이 하루만 살더라도 그 노력은 눈물겨운 투쟁으로 보아줄 수 있다. 그런데 지나치다는 것도 동시에 알아야 한다.

자연(自然)은 한자를 나누어 보면 '스스로 그러하다'라는 뜻이다. 그러니까 그대로 두라는 뜻, 되는대로 하라는 뜻, 억지로 하지 말라는 뜻 등 여러 내용으로 풀이해 볼 수 있을 것이다. 그래야 된다. 인간도 자연의 일부이니까, 스스로 그러하게 살아야 한다. 물론 먹고 마시고 놀기 위해 세상을 지배하러 온 것은 아니지만, 어떻게 하다 보니 인간종(人間種, Homo sapiens)이 그런 위치에 서게 된 것은 다행이라고 생각할 수 있다.

재미 삼아 현대의 생물 분류체계를 보면 역(域, Domain)-계(界, Kingdom)- 문(門, Phylum, Division)-강(綱, Class)-목(目, Order)-과(科, Family)-속(屬, Genus)-종(種, Species)으로 구분한다. 그 스스로 위대하다고 생각하는 인간은 이깟 생물분류체계에 속하지 않는가? 어림없는 이야기, 사람도 이 체계 속에서 아주 분명하고 간단히 설명된다.

인간의 생물 분류 체계를 보면, 진핵생물역(域, Eukaryota)-동물계(界, Animalia)-척삭동물문(門, Chordata)-포유강(綱, Mammalia)-영장목(目, Primates)-사람과(科, Hominidae)-사람속(屬, Homo)-사람종(種, sapiens)에 속한다.

그래서 인간을 학술적으로 표현할 때는 학명을 쓰게 되는데, 학명은 주로 2명 법과 3명 법이 있다. 일반적으로 2명 법 그러니까 속명(대문자 표시)과 종명(소문자 표시)을 표기하여 나타내기 때문에 인간의 학명은 호모 사피엔스(Homo sapiens)라고 한다. 거기에 덧붙여 종의 하위 종을 아종(亞種, Subspecies)이라고 해서 현생인류를 호모 사피엔스 사피엔스(Homo sapiens sapiens)라고 부르기도 한다.

또 하나 재미있는 것은 호모(Homo)는 사람이고 사피엔스(sapiens)는 '지혜롭다' 또는 '슬기롭다'라는 뜻을 나타낸다. 그러니까 호모 사피엔스 사피엔스라는 말은 '지혜롭고 지혜로운 사람' 또는 '슬기롭고 슬기로운 사람'이라는 뜻이다. 이런 뜻에서 호모 사피엔스 사피엔스를 '슬기슬기사람'이라는 순우리말로 바꾸어 부르기도 한다. 그런 인간이 지금 이렇게 살고 있다. 잘살고 있는가?

다행이다 다행이다 다행이다 하면서 살아온 인간이 지금은 아마 다행인 것을 잊고 잊고 또 잊어서 그 상태를 지나쳐서 모든 것 위에 군림하는 정도까지는 되지 않았나 하는 생각이 들기도 한다. 군림한다는 것은 결국 오만방자(傲慢放恣)가 그 끝이다. 같은 인간종들 사이에서도 몇몇의 부자들이 돈으로 돈으로 또 돈으로 위계를 만들더니 역시 안하무인(眼下無人)에 후안무치(厚顔無恥)에 오만방자(傲慢放恣)한 인간이 된 것과 비슷하다는 생각이 든다.

다행이라고 여길 때 조금 겸손해진다면 오래도록 인간종이 얼떨결에 누리게 되는 혜택의 시간이 늘어나련만 그렇지 못할 수도 있다는 것을 생각하는 것은 참으로 가슴 아픈 일이다. 개도 고양이도 귀엽고 진달래, 개나리도 예쁘고 송사리, 피라미, 붕어, 가재도 신기하고 딸기, 참외, 수박 등도 맛있고 간혹 삼계탕, 삼겹살, 갈비도 맛있으면 되는 것인데 그 이상을 필요로 한다는 것은 문제다.

왜 문제라고 하느냐면 과거 100여 년의 시간 동안 발전을 위한 파괴를 일삼은 인간의 행위처럼 그리고 자원 때문에, 경제적 이익 때문에, 정치적 이해관계 때문에, 국가의 이익 때문에 등의 이유로 과거와 같은 지금처럼의 문명 또 다가올 미래에도 인간종의 욕심을 채우기 위한 지속적인 파괴의 결과는 누가 어떻게 보상할 것인가를 생각해 볼 때이다.

자연은 어쩌면 아무것도 모르는 멍청이라고 할 수도 있다. 사람들은 아마도 그렇게 믿고 살고 싶을 게다. 그런데 그게 말이 된다고 할 수 있을까. 어림없는 이야기일 뿐이다. 개발을 위한 파괴를 일삼고 있는 인간 스스로 잘 알고 있다. 이러면 안 된다는 것을, 이렇게 하면 안 된다는 것을 그러면서도 무엇이든 거리낌 없이 한다.

엄청난 태풍, 엄청난 폭설, 엄청난 가뭄 등 엄청난 자연 현상은 아마 사람들이 살면서 겪게 된 자연 현상의 나쁜 모습일 것이라 생각되지만, 대폭발 이전이나 이후 그러니까 태초(太初)에는 이보다 훨씬 심한 자연이었던 것으로 모두 알고 있다. 고온의 불덩어리가 날아다니고 심한 독가스가 가득 차 있었고, 그 이후 아주 오랜 시간 대략 130억여 년 정도의 시간이 흘러오면서 안정화된 것이다.

그런데 요즘은 사람들이 아주 오랜 시간 동안 그리고 아주 느린 속도로 조화를 찾은 자연을 슬슬 간질이기 시작했다. 그 시간도 현재를 기준으로 과거 100여 년 동안에 그랬다. 그리고 지금도 그 속도가 줄어들지 않고 있다. 아니 속도가 줄기는커녕 더 정교하고 더 철저해졌다고 할 수 있다. 그럴 만큼 더 풍요로워졌다고도 느낀다.

어떤 사람이 죽은 참새 한 마리를 보고서 불쌍하다고 말하겠는가? 죽은 참새를 보는 것조차 쉬운 일이 아니다. 그런데 무엇이든 죽어간다. 새만 죽은 것이 아니고 심지어 하찮은 지렁이의 죽음도 밭에서는 볼 수 있다. 죽은 지렁이는 자기 목숨을 하찮다고 생각하지 않았을 것인데, 인간은 그렇게 쉽게 부른다. 여하튼 식량 생산을 하기 위해 식물에게 좋은 역할을 하는 지렁이가 죽었다는 게 정확한 사실 그러니까 요즘 사람들이 말하는 팩트(fact)이다.

오늘의 주제는 길을 걷는 것이 아니라 생각(thinking)하는 것이었나 보다. 사람이 생각하는 것, 사람으로서 생각하는 것 이것이었던 것 같습니다. 갑자기 생각나는 게 있습니다. 생각하는 갈대(roseau pensant), 그러니까 블레즈 파스칼(Blaise Pascal)의 팡세(Pensées)에 나오는 내용으로 '인간은 생각하는 갈대다'입니다. 인간은 갈대처럼 작은 바람에도 흔들릴 만큼 약하지만, 생각할 수 있다는 점에서는 세상 어느 것보다 더 뛰어난 존재라는 뜻이 될 것 갔습니다.

생각이라는 단어에는 위대한 철학자이자 수학자인 데카르트도 나와야겠지요. 르네 데카르트(René Descartes)의 방법서설(Discours de la méthode)에서 '나는 생각한다. 고로 존재한다.(Cogito, ergo sum; I think, therefore I am)'라고 했습니다. 이 세상에 존재할 수 있는 것 자체가 생각할 수 있기 때문이라고 하는 것입니다.

문제는 이들이 한 위의 말들에 대해서 직관적인 이해는 하겠지만, 그 철학자들이 그런 말을 하게 된 이유나 입장 배경 등 철학적인 것이나 그와 관련된 다른 것들은 잘 모릅니다. 다만 이들이 한 말에 생각이라는 단어가 들어갔다는 것만 알 뿐입니다. 생각을 안 하고 살기보다는 생각을 하면서 사는 것이 좀 더 멋이 날 것 같습니다. 삶의 맛도 좀 더 나아지지 않을까 하는 생각도 해 봅니다.

생각(tinking)이란 말을 쓰면서 멋과 맛이란 단어를 사용했는데 말이나 되는지도 모르겠지만, 한마디 더 덧붙이자면, 생각에 대해서 생각한다는 것에 대해서 생각을 해 보는 것도 좋을 것 같습니다. 그리고 재미있을 것 같습니다. (끝).

빈 칸 3 : 추억 또는 한마디, 쓰고 싶은 것 쓰기.

1.

2.

3.

4.

시간 때우기

02-05-0017

/

2018. 06. 01(금)

이 글에 사용된 단어들

#추사고택
#명필가
#추사-대팽고회
#세한도
#우정

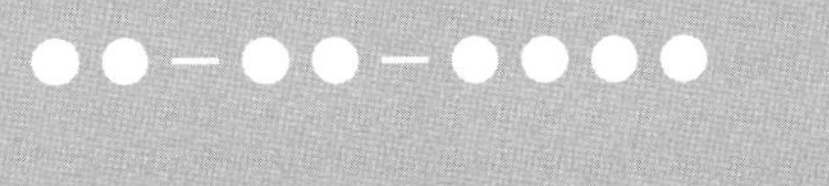

언젠가 충남 예산 신암의 추사고택(秋史古宅) 그러니까 추사 김정희(秋史 金正喜) 선생님의 옛집과 기념관을 다녀온 후에 내 네이버 블로그의 낙서장이란 곳에 사진을 추가하면서 글을 쓴 적이 있다. 그때 쓴 글은 어디에 공식적으로 발표를 한 게 아니라 아까운 마음이 들어 오늘 시간 때우기는 그때의 내용을 위주로 하려고 한다.

그래봤자 그때는 사진 소개가 대부분이고 글은 워낙 단문에 다 몇 줄 되지도 않았다. 그러기에 거의 대부분이 다시 쓰는 것과 같기는 하지만, 여하튼 그때의 생각과 느낌을 이어가 보려고 한다. 우선 그때 글의 시작이 어떠했는지부터 보자.

추사 김정희를 모르는 사람들, 어쩌면 이제는 많을 것 같다. 예전에는 그래도 초등과정-중등과정-고등과정 모두 미술 시간에 붓글씨 쓰기도 많은 시간은 아닐지라도 적어도 한 번이라도 교과과정에 들어 있어서, 붓과 먹과 벼루와 종이-화선지라고 해서 문방사우(文房四友)를 아주 싼 것이지만, 들어도 봤고-사용도 해 봤다. 그런데 요즘에는 대형 마트 같은 데를 가서 붓을 찾거나 먹이나 벼루를 찾아보면 진열대에 없다. 화선지도 찾아보면 없는 것 같다.

가끔 하는 소리인데, 점차 사라지는 것들 중에서 '가령 초등학교에 다니는 나'를 기준으로 – 삼촌, 고모, 외삼촌, 이모 – 같은 말이 사라져가고, 같은 의미로 아빠의 형, 아빠의 남동생, 아빠의 누나, 아빠의 여동생이 사라져갈 처지이거나 많은 경우에는 이미 사라 졌다. 물론 엄마의 오빠, 엄마의 남동생, 엄마의 언니, 엄마의 여동생도 마찬가지이다. 물론 '나'에게도 오빠, 남동생, 언니, 여동생 이런 단어들이 사라진 채 이 세상을 홀로 열심히 살아가야 할 것이다.

엄한 예를 들었지만, 사라지려는 또는 사라진 단어 중에 문방사우에 속했던 먹, 벼루, 화선지 같은 말이 대상이 될 것이고 아마 붓이란 단어는 남아있을 것인데, 한글이나 한자를 예술적으로 쓰는 그리고 동양화를 그리는 붓을 말하는 게 아니라 서양화에서 그림을 그릴 때 쓰는 것도 붓이라 하니, 그것인 줄 알고 있을 게다.

사정이 이러니 붓으로 글씨를 잘 쓴다는 사람도 그러려니와 과거에 붓글씨를 잘 썼다는 사람에 관해서 관심도 적을뿐더러 누가 있는지 알 수나 있으려는지 모르겠다. 글 잘 쓰기로 유명했던 사람들을 한 번 쭉 나열이라도 해본다. 순서는 대충이라도 정리를 했지만, 문제는 들어갈 사람이 빠져있다는 것일 것이다. 서예와 직접 관련된 글이 아니라 머릿속에서 빨리 생각나는 사람 위주로 기술했으니 잘못된 우를 범했음은 아마 틀림없을 것이다.

안평대군 매죽헌 이용(安平大君 梅竹軒 李瑢, 1418~1453), 인재 강희안(仁齋 姜希顔, 1419~1464), 자암 김구(自庵 金絿, 1488~1534), 봉래 양사언(蓬萊 楊士彦, 1517~1584), 아계 이산해(鵝溪 李山海, 1538~1609), 석봉 한호(石峯 韓濩,

1543~1605), 명재 윤증(明齋 尹拯, 1629~1714), 백하 윤순(白下 尹淳, 1680~1741), 원교 이광사(圓嶠 李匡師, 1705~1777), 추사 김정희(秋史 金正喜, 1786~1856), 흥선대원군 석파 이하응(興宣大院君 石坡 李昰應, 1820~1898), 창암 이삼만(蒼菴 李三晩, 1830 - 1895), 위창 오세창 (葦滄 吳世昌, 1864~1953), 백범 김구(白凡 金九, 1876~1949), 도산 안창호(島山 安昌浩, 1878 ~ 1938), 소전 손재형(素荃 孫在馨, 1903~1981), 일중 김충현(一中 金忠顯, 1921~2006) 등까지 근 20여 명의 이름을 썼다.

이들은 조선 초기에서부터 말기까지 그리고 일제 시대를 포함하여 최근의 인물들로 정치가도 있고, 사상가도 있고, 독립투사도 있고, 최근으로 올수록 서예라는 예술가로만 분류되는 사람도 있고, 여하튼 많은 사람들의 이름을 썼다. 모두 한 시대를 풍미(風靡)했던 명필가(名筆家)들이다.

붓글씨에 조예가 있다면 설명이라도 해 가면서 감동을 같이 누리고 싶지만 한마디로 문외한 인지라 그렇게 하지 못한다. 가끔 티브이 진품명품 같은 프로그램에서 누구의 무슨 글씨다 하면 깊지 않은 감동을 느끼는 게 전부다. 아주 오래된 추억하나 말하자면 아마 중학교 학생일 때일 거다. 그때 어떤 일인지는 몰라도 방과 후인데 국어인지 국사인지 선생님이 한잔하셔서 좀 취해 있으셨다. 교무실에서 지나가는 학생을 아무나 불렀는데 그때 불린 애가 나다. 이유는 별것이 없고 먹을 갈란다. 그래서 이유 없이 한참 갈았고, 선생님이 한자도 쓰시고 한글도 쓰시면서 시간을 보냈다.

무슨 글자인지 그리고 그게 잘 쓴 것인지는 지금도 모르는데 기억이 조금 또렷한 게, 그 선생님이 글씨 쓰시던 모습이다. 분명 먹 갈고 있을 때 본 광경은 앉아서 하품하고, 조금 움직이기라도 하면 비틀거리고 하는 모습이었는데, 글을 쓰기 시작하더니 신기하게 잘 쓰셨다. 물론 잘 쓰신다고 한 게, 예술적이거나 그런 구분을 하는 것은 아니고, 내 눈에 그렇게 보였다는 것이다.

붓글씨를 잘 쓰는 사람 그중에서 오늘 글의 대상은 추사 김정희이다. 왜냐하면 지금 살고 있는 동네의 옆 동네 그러니까 가깝다는 점이 하나다. 두 번째도 가까이 있어서 자주 방문할 수 있고, 그때마다 각 기둥에 있는 글씨를 보고, 속(내용) 그러니까 도대체 얼마나 잘 쓴 것인지 등은 잘 모르지만, 겉(모습) 그러니까 햇볕이 따스하다 라든가, 햇빛이 잘 든다든가, 위치가 좋더 라든가 또 풍치가 좋더 라든가 등은 잘 알고 있다는 것이다.

세 번째 이유, 네 번째 이유 등 계속 그에 대한 이유를 몇 가지 더 쓸 수 있으나, 그냥 한마디로 말로 하자면 오늘 시간 때우기의 대상으로 삼고 싶으니까 이다. 왜냐하면 너무 감동적인 삶을 살아서라기보다는 너무 감동적인 생각을 하면서 살았을 것이기 때문이다. 그 감동을 준 것은 초의선사(草衣禪師)와의 만남, 소치(小癡)와의 만남, 제자 이언적(李彦迪)과의 만남과 그와 관련된 제주도 유배 등 그런 많은 만남의 이야기도 있을 것이다.

그리고 세한도와 관련된 예술적인 이야기, 추사체와 관련된 글씨 이야기도 있을 것이고, 또한 금석문(金石文)의 대가라는 학자로서의 면모 등 이루 헤아릴 수 없을 것이다. 다만 아쉽게 생각하는 것은 추사 선생께서 금석문을 연구하실 때 운이 좋게 또는 필연적으로 광개토대왕비(廣開土大王碑)를 찾으셔서 탁본(拓本)이라도 남기셨으면 하는 아쉬움이다.

현재 광개토대왕비가 어떤 상황인지 알고들 계시는가? 한마디로 접근금지 상태이고, 그 훨씬 이전인 식민시대에는 치졸한 일본에 의해 엉뚱한 역사적 사기극에 말려서 이용이나 당했던 것을 생각해보지 않을 수가 없다. 설명이 뒤바뀌고 엉망이지만 한 마디로 아픈 역사적 사실이 지금은 물론 미래 언제까지 계속 그렇게 흘러갈지 모르는 일이다. 통탄(痛歎)할 일이다. 또 사잇길로 가는가 보다. 돌아가자.

이유 중에 딱 하나 덧붙일 이유는 유홍준 교수가 말 한 '추사는 세상에서 모르는 사람도 없지만 아는 사람도 없다'라고 한 것이다. 이 말은 '추사 김정희: 산은 높고 바다는 깊네'라는 제목의 책으로 창비에서 2018년 4월 발행했으며, 그 책 서장의 제목으로 쓴 것이다. 아직 이 책을 읽어보지 못해서 더 구체적인 얘기는 못 하겠지만, 책을 읽고 나도 더 자세히 쓰기도 그렇기는 한데, 결론적으로 어떨지는 아마 귀신도 모를 것이다. 그러니 내가 어떻게 알겠는가, 비록 내가 알아야 될 일이지만.

추사 김정희 선생님은 너무도 유명해서 설명을 하게 되면 한도 끝도 없을 것이고, 설명을 안 하자니, 그것도 좀 그렇고 하긴 하다. 그래서 추사고택 사진 석 장을 사용하여 간단히 추사를 생각해 보는 것으로 마무리하려고 한다. 사람들은 어떤 하나를 가지고 여러 번 사용하거나 하면 매번 잘 우려먹는다고 한다. 지금 추사 선생님을 상대로 내 하는 짓이 그렇다. 아마 "대팽고회(大烹高會)는 여러 번 우려먹은 대표 중의 대표가 아닌가 한다. 그런데 정말 좋은 말 아닌가?

대팽두부과강채 고회부처아녀손
(大烹豆腐瓜薑菜 高會夫妻兒女孫)

맛있는 음식은 두부와 오이와 생강과 채소반찬이고
즐거운 모임이란 부부와 자녀와 손자들의 모임이라

그런데, 그런데 말입니다. 이 말이 정말 좋은 말이라고 하기 이전에 그냥 좋은 말이라고라도 생각하는 사람이 혹시나 있을까요. 오늘 노년 장년 중년 청년 소년에게 이 말을 해 준다면 과연 어느 정도나 이해하고 공감을 하고 좋다고 동의를 할까요. 참 어려운 문제라고 할 수 있지 않을까 생각합니다.

지금이 조선 시대는 분명 아니고, 그 살기 어려운 식민시대와 동란이 끝나고, 오늘날 세계에서 몇 번째 순위를 따질 정도로 경제적으로 부강한 나라에서 말입니다. 이런 생각을 하다니 혹시 정신질환이 아닌지 의심할 정도라고 생각할지도 모를 일입니다.

제일 중요한 게 두 가지가 빠졌습니다. 우선 먹는데, 고기반찬이 하나도 없어요. 그다음으로 놀 때 기본이 음주가무이고 거기에다 오락이 빠져 있습니다. 이거 요사이에도 이런 사람이 있다면 아마도 큰일 낼 사람의 생각입니다. 하고 그렇게 생각하겠지요.

현시대를 생각해보면 맞는 말입니다. 현대는 현대의 생활양식과 문물에 맞게 살아가는 게 오히려 맞는 말입니다. 그런데 그렇게 잘 먹으려고 하고, 무척 재미난 것을 찾는데, 그게 인생 모두인가요?

듣기 쉬운 말 중에 요즘 특히 더 많이 듣게 되는 말이, "생 뭐 있어? 잘 먹는 것이지.", "생 뭐 있어? 잘 노는 것이지." 같은 말입니다.

그런데 오늘 아무리 잘 먹고, 아무리 잘 놀아도 내일도 살아야 잖아요. 그러면 내일도 매우 잘 먹고, 매우 잘 놀았다면 그게 끝이 될까요. 모레는 어제보다 더 잘 먹고, 더 즐거워야 되고, 그저께보다는 훨씬 맛있게 먹었어야 했고, 훨씬 더 재미있게 놀았어야 했는데, 생각해 보면 그렇게 살고 있지 않잖아요.

뭔가 그렇지 않다는 것을 설득해 보고 싶기는 하지만 그 방법이 어떤 것인지 생각하기가 어렵습니다. 한참 게임에 열중하고 있는 청년 옆에서 이러면 되겠어 하고 말한다면 아마 그렇게 말한 사람은 맞아 죽을지도 모를 일입니다. 왜? 그 사람의 재미를 건드렸으니까요. 우리가 살고 있는 사회가, 이런 사회가 되었습니다.

물론 좋은 쪽의 이야기라고 없겠습니까 만은 나쁜 쪽의 이야기가 어느 한 단면을 이해하기 위해서는 쉽기 때문에 자주 쓰는 것 같습니다. 그리고 사람들의 본능이나 기억의 한계 같은 문제도 있는 듯합니다. 나쁜 것은 번쩍하며 생각이 나는데, 좋은 것은 애써 기억을 해야 하니까요. 아마도 나쁜 예는 내 생명과도 직결되어 있기 때문에 본능적으로 그러는지도 모르겠지요. 어차피 모든 이 세상에 사는 나도, 단지 이기적인 사람 중의 한 사람 일 테니까요.

추사고택 입구 추사선생학예술비(秋史先生學藝術碑)

이번에는 재미있는 이야기입니다.

글을 쓰면서 처음 생각으로는 추사고택 입구의 비문과 대팽고회 사진 두 장만 쓰려고 했는데, 어느 날인가 추사고택에 갔다 왔다고 하면서 후배에게 사진을 보여 줬더니, 이 사진 참 잘 찍었다면 보낸 달랜다. 그래서 보내 주었는데, 그러니 한 장 더 추가하고 싶은 생각이 나지 않겠는가. 단순히 분량 예닐곱 줄 늘리려고 한 것이 아니라는 것을 알아주었으면 한다. 여하튼 그 사진이 바로 추사고택 안채 전경이다.

추사고택 입구에 있는 이 비석은 추사선생학예술비(秋史先生學藝術碑)이다. 이 비석에는 세한도(歲寒圖)가 새겨져 있고 또한 '화법유 장강만리(畵法有 長江萬里), 서예여 고송일지(書藝如 孤松一枝)'가 음각으로 새겨져 있다. '그림 그리는 법은 장강만리 같이 유장함이 있고, 붓으로 쓴 글은 고고한 소나무 가지 하나를 보는 것 같다'고 하면 되지 않을까 한다.

추사고택 안채 전경

장강(長江)은 양자강(揚子江)을 말하는 것으로 중국 중앙부를 횡단하는 중국에서 가장 긴 강이고, 전체 길이가 6,300km에 달해 중국에서 가장 길뿐 아니라 세계에서도 3번째로 긴 강이다. 장강을 한눈에 볼 수는 없지만, 그 유유히 흐르는 그 느낌을 그림 그리는 법이라고 한 것 같다.

하기야 추사 선생님이라고 장강을 보았겠는가. 누군가에게 그 길이가 끝이 없이 길다는 말을 들으셨겠지. 그렇다고 중국인 누구라도 또한 장강을 다 보았겠는가. 그 긴 강의 이야기를, 누군가에게 듣고 머릿속으로 생각하고 결국 상상의 결과물을 얻어내면서 비유를 하겠지.

추사고택 안채 대팽고회 대련

요사이 핸드폰의 기능 중에서 사진 찍는 기능이 워낙 좋아져서 사진 찍는 것이 언제 어디서나 부담 없이 촬영할 수 있다. 무엇인가에 대해 추억하거나 기억하기 위해서뿐만 아니라, 자료로서 사진을 활용하는 것이 많이 편해졌다고 생각된다. 아무리 그래도 그 어떤 장소를 방문하여 '눈으로 보이는 것' 만이 사진이 될 수 있는 것이지, 꿈을 꾸면서 상상 속을 사진으로 찍을 수는 없을 것이다.

예전 유홍준 교수가 쓴, 『나의 문화유산답사기』 어딘가에서 읽은 문장으로 생각되는 '아는 만큼 보인다'는 것이 갑자기 생각이 난다. 그 문장을 모방해서, '눈으로 본 것만이, 사진기에 찍힌다'라고 한 마디 한다. 사람들은 각 개인별로 소중한 것이 다 다르다. 그런데 역사와 문화 등 사람 개인별로 다르지 않고 모두 소중하게 해야 하는 것들이다.

솔직히 왜 그래야 하는지에 대해서는 정확하게 설명할 수는 없고, 꼭 그래야만 할 것 같다는 생각이다. 많은 것들이 그렇다. 무엇인가를 정확히 알고 그것을 상대에게 정확히 전달해서 그 상대 또한 정확히 이해시킨다는 것이 몇 가지나 있을까. 1+1=2이다. 왜 그런지는 다 아는데, 왜 그렇게 되었는지를 설명하기는 어렵다.

이 글의 처음 부분에서 글을 너무 적게 써서 '아까운 마음이 들어'라고 했다. 사실 글이 아까운 게 아니라 '생각이 아까운 것' 같다. 글이야 기호(記號)일 뿐이고, 그 기호가 나올 수 있게 하는 것은 생각이다. 생각. 언제라도 할 수 있고, 누구라도 할 수 있고, 어떻게 하더라도 할 수 있는 것이기는 하지만 그렇다고 쓸모 있고 마음에 들고 게다가 또 다른 생각을 할 수 있는 생각을 한다는 것은 아주 귀하다.

간혹 아주 좋은 생각이 떠오르는 경우가 있더라도 그것이 일정 시간 지나서 기억에도 남는 것은 별로 없는데, 그것을 보완하는 것이 기호를 이용하여 남겨두는 글쓰기이다. 단지 개인적으로 좋은 글도 있지만 그런 개인적으로 좋은 글이 아니라 인간 모두에게 보편적을 좋은 글도 결국은 기호를 통해 글로 남겨져 있기 때문에 알 수 있는 것이다.

글쓰기는 어떤 사람이 생각한 것에 대해서 아무리 생각해도 생각한 것의 반이나 제대로 기록이 되는지 모르겠다. 고도로 추상적인 내용도 많고 경우에 따라서는 사실적이라고 하더라도 그것이 정확하게 설명 및 묘사되기는 쉽지 않다. 여하튼 무슨 말을 하더라도 그래도 기호를 사용하여 글을 쓰는 것, 그게 최선의 방법인 것이다.

그러면 좋은 생각을 못 했던 사람은 어떻게 하면 좋을까 궁금할 수도 있겠다. 그 해결책은 간단하다. 좋은 생각이라고 한 사람들이 기호로 남겨 놓은 좋은 글을 찾아서 읽으면 된다. 뭐가 어려운가? 그런데 요상에는 어렵지 않은데, 하지는 않는다. 왜 그럴까를 생각하면 재미가 없어서이다. 그럼 정말로 책 읽는 것이 재미가 없다는 말인가? 그것도 아니다. 지금은 아주 소수가 되었다는 점이고, 나머지 다수는 다른 방법으로 재미를 느낀다. 그게 소리와 영상이다.

여러 번 생각을 하지만 전체적으로 잊어버린 것에 대부분 둔감해지는 것 같다. 주머니에 3,000원이 있었던 것 같은데, 그 돈이 주머니에 없다면 어디 갔지 하면서 화내고 아쉬워하고는 한다. 굶어 죽기 직전에 3,000원이 있다면 요즘에도 라면이나 국수라도 사 먹어서 목숨을 살릴 수 있는 돈이니까 목숨만큼 중요하다고 할 수 있습니다.

그렇지만 우리 삶에서 돈 3,000원은 그렇게 급하지는 않습니다. 그런데 우리가 잊어버리는 것들은 현실 세계의 3,000원도 채 안 되지만, 경제적 사회적 가치 기준인 돈으로 환산해서 생각하는 것이 아닌 것들입니다. 시도 때도 없이 쓰는 사랑이라는 단어, 그렇지만 사랑, 그게 돈의 기준으로 설명이 되나요?

우정이라는 것도 소중하게 생각하는 단어입니다. 그러면 우정은 돈으로 계산이 될까요. 아니면 아주 오랜 옛날 조상들이 소고기 한 근 선물하는 정성을 소고기 한 근 600g의 가격으로 가치를 삼을 수 있을까요.

오늘은 여기서 끝이다.

빈 칸 4 : 추억 또는 한마디, 쓰고 싶은 것 쓰기.

1.

2.

3.

4.

시간 때우기

02-06-0018

/

2018. 06. 06(수)

이 글에 사용된 단어들

#순국선열-호국영령
#현충일-태극기
#대팽고회
#행복 - 불행 - 행복 - 불행
#추사-초의-소치

오늘은 현충일(顯忠日) 아침이다. 1956년에 제정하여 1회를 시작으로 올해가 2018년이니 63회가 된다. 순국선열(殉國先烈) 및 호국영령(護國英靈)을 기리는 마음을 가지고 조기를 달았다. 순국선열에서 순(殉, 목숨 바칠 순, 따라 죽을 순) 과 국(國, 나라 국)은 나라를 위해 목숨을 바쳤다는 뜻이고 선(先, 먼저 선)은 조상 어른 윗사람 선배 등 그 사람을 기준으로 아래 사람이나 다음 세대 사람을 위한다는 뜻으로 읽으면 될 것 같다.

열(烈, 매울 열, 세찰 열)은 '맵다', '기세가 대단하다', '굳세다', '강하다', '세차다', '불사르다' 등의 뜻으로 쓰인다. 이 단어의 의미로 보면 뭔가를 위해서 대단한 각오로 임했다는 것을 알 수 있다. 나라를 위해서 죽기로 행동한 사람을 열사(烈士)라고 하는데, 그때의 열(烈) 자이다. 열사는 조국(祖國)과 민족(民族)을 위해 성심을 다해 목숨을 바쳐 싸운 사람으로 이해하고 있는 단어이다.

호국영령에서 호(護, 보호할 호)와 국(國)은 나라를 보호하다, 지킨다는 뜻이다. 영(英, 꽃부리 영)은 '꽃부리' 즉 꽃잎 전체를 일컫는 말이기도 하고 또 '명예(名譽)'를 나타내기도 하며, '재주가 뛰어나다'의 뜻도 있다. 또한 령(靈, 영묘할 령)은 '신령(神靈), 혼령(魂靈), 혼백(魂魄), 영혼(靈魂), 귀신(鬼神), 유령(幽靈)'의 뜻과 '정기(精氣), 영기(靈氣), 정신(精神), 감정(感情)' 등의 뜻도 있고 '죽은 사람에 대한 높임말'의 뜻도 있다.

꽃부리 영이 쓰인 것은 명예라는 뜻도 있으니까 그리고 신령

령을 쓴 것은 그 자체로 죽은 사람에 대한 높임말의 뜻을 가지고 있으니까 쓴 것으로 이해가 된다. 즉, 영령(英靈)이란 죽은 사람의 영혼을 높여 부르는 말이다. 그래서 호국영령 전체를 연결하면 나라를 보호하고 지키려다 돌아가신 분들을 이른다고 할 수 있다.

이분들이 목숨까지 버리거나 잃어가며 나라를 위해 한 일은 무엇을 위해서였을까? 를 생각하면, 아주 복잡하게 따져 보아야할 것 같지만 그렇지 않다. 순국선열분들의 경우 나라를 지키고 후손들이 계속 잘 살기를 그리고 호국영령들께서는 살아남은 보통 사람들의 보편적인 행복한 삶을 지켜주기 위해서 그랬다고 볼 수 있다.

사람들이 이 글을 읽어 보면서 너무 단순하게 생각하는 것 아니냐고 할지 모르겠지만, 한 나라를 지키는 것과 그 나라에서 사는 사람들이 행복한 것에 기꺼이 목숨을 내놓는 것 외에 그것 말고 다른 뭐가 있으려나 생각한다. 문제는 나다. 나도 그럴 수 있느냐고 묻는다면 그럴 수 있다고 하고 아마 기꺼이 그럴 것이라고 스스로 엄하게 약속한다.

별것 아니지만 가슴 아픈 것은 현충일은 국가가 공휴일로 지정하면서 태극기라도 하나 걸어두고 이 날을 기리기를 바라는 날이다. 그런데 가만히 보니 그렇지가 못한 것을 봤다. 아파트라 모든 가정이 국기를 게양했다면 현충일의 뜻도 새기고 태극기가 펄럭이는 모습도 좋아 보였을 것인데 그렇지가 않다. 겨우 내 사는 아파트 한 동 60호가 사는데, 단 두 개의 태극기가 펄럭인다. 가슴 아플 것까지야 없지만 그래도 나이 먹은 사람들이 제법 사는 아파트인데도 이 모양이니, 젊은 사람들이 많이 사는 아파트에서는 어떨까 생각도 해 본다.

오늘 시간 때우기의 앞글로 현충일의 유감스러운 모습을 유감스러운 생각을 말했는데, 그리 유쾌한 시작은 아니지만 시대가 그렇게 흘러간다는 것, 나는 있는데, 이웃마저도 없어져 가는 그런 시대에, 과거 시대에 있었던 일 그리고 그 과거 시대 사람들의 일에 대해서 자꾸 잊고, 더욱더 소홀히 하고 있는 것에 안타까운 마음이라는 것까지만 말하고 원래 생각했던 말을 하려고 한다.

사실은 이 글은 바로 앞글 02-05-0017의 2탄에 가깝다고 생각하면 된다. 왜냐하면 행복에 대해서 말하기는 하는데 무엇을 가지고 말하는냐 하면 추사 선생의 대팽고회를 가지고 시작해서 끝까지 이어지기 때문이다. 아마 사진도 중복이 되기도 하고 내용도 중복이 되기도 한다. 그런 점을 감안해서 읽고 생각해 보기를 권한다.

사람들이 살면서 언젠가 불현듯 생각나는 것이 있다. 그중의 하나가 행복이라는 것이다. 나 역시도 하늘을 마냥 쳐다본다. 왜 하늘을 쳐다볼까 묻는다면, 별로 할 일이 없으니까. 그리고 하늘이 너무 맑으니까. 또 한 가지는 하늘이 갑자기 보고 싶으니까 이다. 이 세 문장을 보면서 할 말이 참 할 일이 없기는 없는가 보다라고 할 것이다. 맞는 말이다. 그런데 할 일이 없어 아무것도 안 하더라도 갑자기 하늘을 보고 싶다는 생각이 든다.

행복도 그런 느낌이지 않을까 생각해본다. 어느 날 또는 어느 순간, 나는 행복한가에 대해서 끙끙거리며 생각한다고 해서, 행복하지도 않을뿐더러 행복함을 느낄 수가 없다. 그런데 어느 순간 내가 아무것도 안 하고 있더라도, 머릿속에 남겨진 어떤 장면이라든가 어떤 글귀라던가 등 우연하지만 머릿속에 떠오르면서 그것 때문에 호수에 던져진 돌이 동그란 파문을 일으키며 퍼져나가면서, 행복의 여러 감정들이 조금씩조금씩 밀려온다.

참 쉬운 말을 어렵게 쓰는 것 같다. 그냥 가슴에 어떤 행복감이 밀려온다고 하면 될 것인데, 무엇을 그리 복잡하게 하는지 모르겠다. 그런 구절이 갑자기 생각이 난다. 그 추사 김정희의 대팽고회이다. 그래서 찾아본 것이 아래 캡처한 제목과 인용한 기사의 내용이다. 2018년 2월 20일 자 문화일보 이경택 문화부 부장의 기사 내용이다.

[문화] 게재 일자 : 2018년 02월 20일(火)

30년 고민하고 쓴 추사의 '침계' 보물 된다

문화일보 2018. 02. 20(화) 이경택 문화부 부장의 기사 제목

추사(秋史) 김정희(金正喜, 1786~1856) 글씨 3점이 '보물'로 추가된다. 문화재청(청장 김종진)은 '김정희 필 대팽고회(金正喜 筆 大烹高會)' 등

19세기 대표적 학자이자 서화가였던 추사 김정희의 글씨 3점을 보물로 지정 예고한다고 20일 밝혔다.

~ '김정희 필 대팽고회'는 작가가 세상을 뜬 해인 1856년(철종 7년)에 쓴 만년작이며, 예서(隷書, 중국 한나라 때부터 쓴 옛 서체) 대련(對鍊, 두 폭의 축으로 된 회화나 서예작품)이다. 내용은 중국 명나라 문인 오종잠의 '중추가연(中秋家宴)'이라는 시에서 왔으며 "푸짐하게 차린 음식은 두부·오이·생강·나물이고, 성대한 연회는 부부·아들딸·손자라네(大烹豆腐瓜薑菜, 高會夫妻兒女孫)"라는 글귀를 쓴 것이다. 소박한 필체가 돋보인다. ~

기사의 내용에서 보듯이 대팽고회(大烹高會)라고 하는 단어는 매우 잘 알려져 있다. 그리고 그 뜻도 해석되어 있기 때문에 읽어 보기만 하면 알 수 있다. 잘 차린 음식이라는 게 두부 오이 생강 나물이라고 했고, 큰 모임이라는 게 가족 3대가 모였다고 하는 것이다. 그리고 겨우 이것을 읽고 머릿속에서 행복이 무엇인지 생각이 무엇인지 알고 있다고 하려 한다. 도대체 이것을 생각하며 이해해야 할 정도인지조차 감이 안 온다고 할 수도 있다. 다 맞는 말이다. 너무 작은 것 같아서 그럴 것이다. 그래도 한 번 생각해 보자.

생각해 보기 전에 아래 사진은 위 기사에서 나온 대팽고회 원본은 아니고 복사본인데, 충청남도 홍성군 장곡면 산성리의 사운고택(국가민속문화재 제198호) 안채를 둘러보면 걸려있는 대련이다.

이 대련 글씨를 이용하여 아래와 같이 정지안 제6시집 '새벽 다섯 시 반'의 표지를 만들었다. 시집을 내려고 마음먹고, 어느 순간 대팽고회라는 단어를 사진으로 찍어두었다는 생각을 해냈고 결국 이렇게 표지로 사용한 것을 보아 관심이 대단했다는 것을 알 수 있다.

홍성군 장곡면 산성리, 사운고택(士雲古宅) 안채 대팽고회(大烹高會)

그렇다고 할 수 있다. 행복은 분명 있는 것인데, 어디에 있는 것인지도 몰랐고, 어떻게 존재하는지도 몰랐기 때문이고 또 어떻게 느껴야 하는지도 몰랐다. 한 마디로 다 몰랐다고 하는 게 맞을 것 같다. 그런데 지금은 다 아시나? 그걸 어떻게 다 알까. 중요한 것은 어렴풋이 행복을 아는 단계이지, 아직도 행복 그 자체가 무엇인지는 모르겠고, 의문만 가득 찬 채로 살아간다.

사실은 대팽고회(보물 1978호, 2018. 02. 20.) 원본은 간송미술관(서울 성북구 성북로 102-11)에 있는데, 그 사진은 감히 여기에 실을 수가 없다. 관심 있는 사람들은 간송미술관을 방문

해보기를 권한다. 아니면 인터넷을 통해서라도 충분히 잘 감상할 수 있으리라 생각한다.

정지안 제6시집 『새벽 다섯 시 반』 표지의 대팽고회(大烹高會)

또 하나 대팽고회 복사본은 추사고택(秋史古宅, 충청남도 예산군 신암면 용궁리 798, 충청남도 유형문화재 제43호)에도 있다. 글을 쓰면서 글 중간에 사진 쓰는 것을 별로라고 생각하지만 그래도 대팽고회는 가능하면 사진으로라도 여러 번 소개하고 싶은 심정이다. 그때마다 계속 볼 수 있으니까.

대팽고회에서 놀라운 일이 있다. 어떻게 이 단어를 읽고 행복을 느낄 수 있고, 그리고 먹는 것과 모임이 있는데, 그 정도 가지고 행복이라고 할 수 있느냐는 것 일게다.

이것을 알려면 여러 가지를 알아야 한다. 추사 김정희 선생의 역사적 사실 여러 가지와 그리고 그중에서도 천재성과 성실성 같은 것이다. 또한 삶을 살아낸 나이 그러니까 경륜이라고 할 수 있는 삶의 여러 이력이다. 또 하나는 참 어려운 해석이 필요한 행복이 가진 뜻이다.

秋史 金正喜 古宅 안채의 大烹高會, 扁額은 無量壽

이번 글은 좀 갑작스럽게 썼다고 할 수 있다. 그래도 이리저리 돌아다닐 때마다 찍 놓은 사진들이 있어서 무난하게 처리가 됐다. 예전에는 사진을 보면서 추억하기가 어려웠으나, 그래도 더 재미있고 더 행복을 크게 느낄 수 있었다. 왜냐? 사진기도 적었고 또 그것을 인화해서 보관해야 했기 때문이다. 그런데 지금은 손전화기의 사진 찍기 기능이 좋아져서, 감당할 수 없이 많이 찍어대고, 심지어 본인 사진을 어디에서 어떻게 찍었는지도 모르니 사진 가지고 느끼는 행복의 크기가 한참 달아났다는 생각이 든다.

아래에는 한글전용과 국한혼용으로 쓴 시다. 한글전용을 주장하는 사람들도 있다. 그런데 아무리 생각해도 한글전용으로는 무리가 있다는 생각이 든다. 그런데 이 생각은 또 다른 문제를 생기게 할 것이다. 현재의 학생들 또는 청소년들의 한자 이해도 그러니까 해독 실력이 놀랄 정도가 아니라, 말을 할 수 없을 정도다. 본인 이름은 쓴다고 할지 모르지만, 간신히 그리는 수준이고 그것도 불가능한 경우가 태반이다. 부모님 이름을 쓸 줄 아는지를 묻는다는 것은 방금 태어난 아이에게 굿모닝 하는 것과 같다. 하여튼 그렇다 하고, 이 시는 2018년 5월 8일 화요일 늦은 오후에 쓴 것이다.

추사 선생, 대팽고회를 쓰다

추사 선생은
우리 가문의 조상은 아니시다
우리 겨레의 큰 스승이시다
선생에 대한 장광설은 사족만도 못하다
세한도. 불멸의 불후의 명작, 이것 하나만 말하자.

대팽두부과강채.
맛있는 게 두부, 오이, 생강, 나물이란다
요즘 시대에 잘 사는 사람 아니라 못사는 사람도
맛있게 먹었다고 안 하겠다.
고회부처아녀손.
훌륭한 모임이 부부, 자식, 손자 3대의 모임이란다.

요즘 시대에
잘 노는 사람은 물론 못 노는 사람도
재밌게 놀았다고 안 하겠다.
그런데 아는가?
조선 시대 추사의 사회적 지위를
그 시대 서체에 대한 열정과 금석의 천재성을

위리안치에서 초의, 소치, 우선의 우정과 삶*
아무리 따져 봐도 신선밖에는 될 수 없는…
지금. 이 세상 어디 신선으로 계신가요?

그런데 생각해 보셨는가?
맛을 찾고, 재미난 모임을 찾으면서
대팽고회를 이해하고, 꼭 이해하고 즐기시기를
어느 정도 삶을 살았을 때, 이해하면 다행
아직도 맛과 모임을 찾으려 헤맨다면
스스로 말, 참 대가리가 비었구나, 하세요.

*

- 초의(艸衣) : 법명 의순(意恂, 1786년~1866년). 본관 인동 장씨(仁同 張氏). 자는 중부(中孚), 호는 초의(草衣), 당호는 일지암(一枝庵). 조선 후기의 승려. 김정희와 친교.

- 소치(小痴) : 허유(許維, 1807년~1892년), 본관은 양천(陽川). 자는 마힐(摩詰), 호는 소치(小痴). 조선말의 문관이며 서화가. 후명(後名)은 련(鍊). 김정희(金正喜)의 제자.

- 우선(藕船) : 이상적(李尙迪, 1804년~1865년), 본관은 우봉(牛峰). 자는 혜길(惠吉), 호는 우선(藕船). 한어역관(漢語譯官) 집안 출신. 김정희(金正喜)의 문인.

秋史 先生, 大烹高會를 쓰다

秋史 先生은
우리 家門의 祖上은 아니시다
우리 겨레의 큰 스승이시다
先生에 對한 長廣舌은 蛇足만도 못하다
歲寒圖. 不滅의 不朽의 名作, 이것 하나만 말하자.

大烹豆腐瓜薑菜.
맛있는 게 두부, 오이, 생강, 나물이란다
요즘 時代에 잘 사는 사람 아니라 못사는 사람도
맛있게 먹었다고 안 하겠다.
高會夫妻我女孫.
훌륭한 모임이 夫婦, 子息, 孫子 3代의 모임이란다.

요즘 時代에
잘 노는 사람은 물론 못 노는 사람도
재밌게 놀았다고 안 하겠다.
그런데 아는가?
朝鮮時代 秋史의 社會的 地位를
그 時代 書體에 대한 熱情과 金石의 天才性을

圍籬安置에서 艸衣, 小痴, 藕船의 友情과 삶
아무리 따져 봐도 神仙밖에는 될 수 없는…
只今. 이 世上 어디 神仙으로 계신가요?

그런데 생각해 보셨는가?
맛을 찾고, 재미난 모임을 찾으면서
大烹高會를 理解하고, 꼭 理解하고 즐기시기를
어느 程度 삶을 살았을 때, 理解 하면 多幸
아직도 맛과 모임을 찾으려 헤맨다면
스스로 말, 참 대가리가 비었구나, 하세요.

행복에 대해서 쓰려고 마음먹었지만 사실 무엇이 행복인지 알 것 같지만 그렇게 살다 보면 어느 사이에 그건 행복도 아니었어라고 생각할 때가 있습니다. 매번 반복되는 일상이 똑같으니까 그럴 수 있습니다. 그렇다면 영원한 행복, 매일매일의 행복을 찾거나 아니면 그냥 그렇게 주어졌다고 하면, 그 이후에는 정말 행복하게 살게 될까요.

가만히 생각을 해 보면 행복은 상대적인 것 같습니다. 행복하지 않은 것 하나가 있을 때 그것을 벗어나면 그때 비로소, 아 그때 그것은 너무 어려웠어, 그런 불행은 다시 겪어보고 싶지 않아라고 말하는 경우가 있습니다. 그래서 지금 작은 행복을 느끼고 있습니다. 여기에서 알 수 있는 것은 행복은 불행하지 않다고 느끼는 것입니다. 참 간단하지요.

그런데 여기에서 또 생각해 볼 게 있습니다. 앞의 이야기가 연장되는 것인데, 살다가 보면 자잘한 여러 가지 어려운 일도 반복되고, 그 자잘한 일은 또한 매번 극복됩니다. 그러니까 시작을 행복 – 불행 – 행복 – 불행 – 행복 - …으로 반복한다고 생각할 수 있는 좋은 시작도 있습니다. 경우에 따라서는 불행 – 행복 – 불행 – 행복 – 불행 - …의 순으로 시작되는 안 좋은 시작도 있을 수 있습니다.

사람에게서 좋은 시작은 바로 사람들의 탄생입니다. 태어나는 사람 본인만 그 감정을 모르지, 새 생명을 기다린 많은 사람들에게는 바로 행복의 시작인 것입니다. 그리고 태어난 본인만 잘 몰랐을지언정 분명 그도 태어남은 행복이었을 겁니다. 그러다 아파서 부모도 괴롭고 본인도 괴롭고, 병원 가고 약 먹고 병이 나으면 부모도 즐겁고 본인도 즐겁고 그 표현을 까르르 웃으면서 합니다. 그게 그 순간 또는 그 시기에 행복한 모습의 전부입니다.

사람에게서 나쁜 시작은 같은 예로 병이든 모체에서 태어나는 아기가 있다고 합시다. 그래서 출산 중 어머니가 사망을 했습니다. 그럼 이것은 설명하기조차 어려운 불행입니다. 태어난 아이 자체가 불행의 근원인 것처럼 여겨질 수도 있습니다.

그래도 태어난 이상 살아나고 자라고 성장합니다. 그러면서 어떻게 든지 가끔가끔 행복을 느끼며 또 행복하지 않은 날도 느끼며 살아가게 될 겁니다. 이런 시작이 많지 않은 것은 참 다행입니다.

또 다른 예가 식민시절 일본에 붙어 나라를 팔아먹은 놈들, 별게 없어 나라는 팔아먹지 못했어도 권력에 붙어 호의호식한 놈들은 신식 교육을 받고 사람답게 그 시대를 살며, 그 이후 현재까지도 잘 버티고 있습니다. 그에 반해 독립운동 등 순국선열과 호국영령이라고 말 한 가족과 자녀 그리고 그의 후손들까지 어렵게 산다는 것을 심심치 않게 뉴스 등을 통해 접할 수 있습니다. 사람이 살면서 어느 순간 열이 확 오를 때가 이럴 때인 경우에 그렇습니다.

끝을 맺어야 하는데 갑자기 열이 오릅니다. 여러 날을 이 글을 쓰기 위해 컴퓨터를 열었다 닫았다를 반복했는데, 그러다 오늘 아침에 그리고 잠시 후에 밖을 내다보니 아침 일찍 내 걸린 태극기의 수가 그대로입니다.

그 순국선열께서 그리고 호국영령께서 여러분의 행복을 위해서 그랬습니다. 참 어떻게라도 설명하고 싶은 행복에 대해서 어쩌면 오늘도 실패는 아니지만 그렇다고 성공도 아닌 것으로 마쳐야 되는 것 같습니다.

여러분. 이 글을 읽고 행복에 대한 생각이 마감이 됩니까? 어림없지요. 그래서 이런 생각을 끝내야 할까요? 아니면 또 다른 엉성한 말들이 늘어서더라도, 계속해야 할까요.

여러분도 뭐라고 하기가 힘들 거예요. 왜 그러냐면, 여러분도 어느 정도는 다 아는데 결정적으로는 정말 모르는 것 중에 하나거든요. 알았어요. 알았으니, 걱정하지 말아요. 제가 알아서 할게요. (끝)

빈 칸 5 : 추억 또는 한마디, 쓰고 싶은 것 쓰기.

1.

2.

3.

4.

시간 때우기

02-07-0019

/

2018. 06. 08(금)

이 글에 사용된 단어들

#개-개소리-구폐
#삼보일배-오체투지
#절실-간절
#욕망
#방하착

사람들이 살면서 별 의미 없이 하게 되는 고생을 개고생이라고 한다. 좀 흔하게 듣는 말로 집 나가면 개고생이란 말이 대표적이지 않을까 생각한다. 개라는 동물은 인간과도 친숙하고 특히 주인에게 복종하며 여러모로 관계도 좋게 잘 사는 동물이다. 그런데 개라는 접두사가 왜 이런 별것 아닌 의미를 갖게 되었는지 또 하찮은 뜻이 되었는지 모르겠다.

그래서 실제로 궁금하기도 해서 네이버에 '개'라고 검색을 했더니, '개'로 발음되는 한자를 설명하는 여러 개의 설명이 나오고, 일반적으로 '개'라는 의미로 쓰는 설명은 아래와 같다.

개[접사]

1. '야생 상태의' 또는 '질이 떨어지는', '흡사하지만 다른'의 뜻을 더하는 접두사.
2. '헛된', '쓸데없는'의 뜻을 더하는 접두사.
3. '정도가 심한'의 뜻을 더하는 접두사.

사전적으로 정의한 내용을 보더라도 좋은 의미를 가지고 있는 것은 아니라는 것을 알 수 있겠다. 그래서 사람들이 뜻밖의 어려움을 표현할 때, 개고생이라고 쓰는 것이 굳이 틀린 표현도 아니라는 것도 알 수 있다. 그런데 사람들 하는 행동 모두가 애먼 짓이고 그것이 개고생이라고 할 수 있는가 하는 점을 생각하고 싶다.

요즘은 티브이를 통해서 직업이 정치인이라고 하는 사람들이 정치인의 속성상 말을 많이 한다. 그중에 들어 볼 좋은 말도 있지만, 수준 이하 그것도 심하게 수준 이하인 말도 듣게 된다. 그러면서 그것에 대해서 반응하는 말이 뭘까? '개소리' 한다고 한다. 한자로 구폐(狗吠) 그러니까 구(狗, 개 구)와 폐(吠, 짖을 폐)를 써서 개가 짖는다고 하는 것이다. 최근 상황을 보며 한 번 구폐라고 말을 해보니, 한자가 뜻도 딱 맞고 잘 만들어졌다.

실제로 동물 개가 짖는 것은 먹이 때문에, 주인을 환영하며 반길 때, 집을 지키거나 하며 무서울 때 등 경우에 따라 다르지만 여하튼 본성인 것이나, 사람이 사람의 언어로 말하면서 개 짖는다는 소리를 듣는다는 것은 결코 그렇게 생각하는 사람이나, 그렇게 말하는 사람이나 바람직한 것은 아니다. 사람이 사람이 하는 소리를 듣고서, 겨우 개로 만들어 버린다거나 개만도 못한 것으로 만드는 게 어찌 정상이라고 할 수 있겠는가 말이다.

사실 술을 지나치게 많이 마시고 다른 사람들에게 못 된 행패를 부리는 것을 지랄한다고 하는데, 그것보다 더 심하게 욕하듯이 말하면 개지랄을 한다고 한다. 그런 사람이 있다. 그리고 꼭 타인의 어떤 행위만을 보고 말하는 것만이 아니라 자기 자신에게도 한다. 가령 어느 날 오후 원하는 것들이 자꾸 어그러질 경우 자조적으로 하는 말이 순하게 말하면, "어휴, 오늘은 왜 이렇게 되는 게 하나도 없지!"라고 할 테지만, 조금 더 격하게 말하면 "어휴, 오늘은 왜 이렇게 일이 안 풀리지. 참 개 같은 날이야!"라고 하는 경우이다.

이런 자기 자신의 기분이나, 하는 일의 진행 상태나, 기대했던 결과나, 심지어는 사랑하는 사람과의 연예나 등 셀 수 없이 많은 무수히 많은 종류의 예는 '개 같은 내 인생', '개 같은 애인', '개 같은 오후' 등 아주 많은 경우, '개 같은~'을 써서 예를 만들 수 있다. 그렇지만 이렇게 말한다고 해서, 스스로에게 어떤 위안을 주는 것도 아니다. 그러니 자제하라고 하는 게 맞을 것 같다.

물론 이것은 개인이나 타인의 관계를 넘어 집단에서도 아주 흔히 쓰인다. 어떤 법률적 판결의 결과가 마음에 들지 않는다면 '개 같은 판사', '개 같은 판결' 등으로 쓰고, 정치 분야도 '개 같은 국회', '개 같은 정치', '개 같은 의원' 등과 같이 쓰인다. 이런 것이 잘잘못을 말하려고 하는 것이 아니라 여하튼 예로서 쓰인다는 것을 보일 뿐이다.

그런데 이 '개'라는 접두사의 쓰임 중에서, 타인의 행위를 보고 함부로 말하거나, 함부로 멸시하는 듯하거나 하는 것들과 또한 아무런 이해 없이 써도 안되고, 표현해도 안 되는 것들에 대해서 말하려고 하는 것이 오늘 시간 때우기의 주제이다. 언젠가 자세히 쓰지는 않았지만 여하튼 쓴 글 중에는 '산티아고 가는 길(Camino de Santiago, Roads to Santiago)'이라는 내용이 있었다.

이 산티아고 가는 길은 전 세계 사람들 대부분이 동경을 하고 멋있다고 생각하고 또 한 번만이라도 동참하고 싶어 한다. 굳이 종교적인 목적이 아니더라도 그리고 우리의 천주교 그러니까 크리스천이 아닌, 종교가 다르더라도 그런 생각을 한다. 그러면서 이것을 개고생이라고 하는 사람도 별로 없다. 그런데 가만히 우리가 쓰는 개념으로 따져보면 크리스천이 아닌 경우 개고생이 아니라고 할 수도 없다. 아주 먼 길 800km 정도를 뜨거운 햇살 아래 하염없이 걷고 또 걷는 것을 어찌 그렇게 이야기하지 않을 수 있겠느냐는 것이다.

그런데 분명한 것은, 절대 그렇게 말하면 안 된다. 그 사람들은 마음속에서 뭔가에 대한 절실(切實)한 무엇인가를 가지고 있다. 만약에 그에게 그가 왜 이 길을 걸어야 하는지를 설명하라고 한다면, 그도 그 설명은 아마 정확히 할 수 없을지 모른다. 그래도 그는 그 순례길을 걷는 것 만이 그의 그 당시의 유일한 심정일 것이기 때문이다. 절실하다는 말을 썼다. 사람들에게 언젠가 한 번 아니면 한 번 이상일 수도 있지만 꼭 이해해 주어야 할 일이다.

절실히라는 뜻은 누구나 대략은 아는 단어이지만 절(切 : 끊을 절)과 실(實 : 열매 실)을 가지고는 설명이 안 된다. 그래서 사전의 정의를 따르면 절실(切實)은 ① 느낌이나 생각이 뼈저리게 강렬한 상태(예: 절실한 그리움) ② 매우 시급하고도 긴요한 상태(예 : 절실한 과제) ③ 적절하여 실제에 꼭 들어맞음(절실한 표현)으로 되어 있다. 아마도 ①이나 ②의 마음이 아닐까 한다.

그리고 티브이 뉴스에서 아주 드물게 보는 삼보일배(三步一拜) 그러니까 3발작을 걷고 나서 한 번 절하고, 그 행위를 반복하며 목적지를 향해서 진행하는 항의 시위의 하나다. 대개는 정부 정책 등에 반대하는 경우에 일부 관계자들이 이런 행위를 한다. 여기에서 일부 관계자라고 했는데, 이들은 어떤 특정 지역의 사람들로 직접적인 이해관계에 있는 사람들일 수 있으나 이렇게만 생각하면 오해가 될 수 있다.

여기서 생각해 볼 것이 여러 가지가 있다. 대부분 많은 경우 삼보일배의 항의 시위는 개인적 이익보다는 넓은 범위의 지역적 이해관계 내지는 국가적 또는 세계적 문제에 대한 항의의 수단으로 행해진다. 이 항의의 결과에 따른 혜택은 시위자뿐만이 아니라 국민 모두이거나 세계인 전체에 이르기까지 대단히 넓은 의미를 가진다. 그렇다고 적극적으로 참여하라고 할 수는 없는 문제이고, 개인의 자유의지에 따라 결정할 일이라고 할 것인데, 다만 그것에 대해서 나쁜 눈짓과 나쁜 말로 방해를 해서는 안 되는 일이다. 앞서 말했지만, 어쩌면 진실로 절실(切實) 한 문제에 대한 것일 수도 있다.

물론 전 세계적 혜택은 과장된 표현이나 핵 문제, 환경문제 등을 대상으로 하는 그린피스(Greenpeace)가 하는 행위는 분명히 삼보일배의 형식은 아니지만, 세계인에게 혜택이 돌아가게 하기 위한 행동이고, 우리나라 새만금 사업 같은 경우에는 전라북도 서쪽 지역이 주로 관계되는 지역이지만 결국은 우리나라 전역에 영향을 미치는 행위이며, 이때 삼보일배 항의가 있었다.

삼보일배는 기본적으로 세 걸음을 걷고 한 번 절하는 불교에서 행하는 수행법인데, 그 행위에는 여러 가지 뜻이 있다. 삼보(三步)는 원래 불보(佛寶)·법보(法寶)·승보(僧寶)의 삼보(三寶)를 말하는 것이고, 이때 1 보는 부처님께 2 보는 가르침이나 진리에 3 보는 스님들께 의지한다는 의미이다.

또 다른 뜻으로는 탐욕(貪慾)·진에(瞋恚)·우치(愚癡)를 의미하는데, 줄여서 탐(貪)·진(瞋)·치(癡)의 삼독(三毒)이라고 한다. 그러니까 탐욕과 성냄과 어리석음을 끊어서 없애려고 하는 것으로, 1보에 탐욕(貪 : 탐할 탐, 慾 : 욕심 욕) 즉 욕심을 끊어서 없애고, 2보에 진에(瞋 : 부릅뜰 진, 恚 : 성낼 에) 즉 성냄을 끊어서 없애고, 3보에 우치(愚 : 어리석을 우, 癡 : 어리석을 치) 즉 어리석음을 끊어서 없애기 위한 뜻이 담겨 있다.

여기에서 삼독(三毒)을 한자를 설명하는 정도로 기술하였으나, 이렇게 가벼운 정도로 해석해서 될 일은 아니다. 불교에서도 매우 중요한 개념이고, 그것보다 더 깊은 뜻이 있다. 그러니 내가 그것까지 밝히기도 어렵고, 더욱 문제가 되는 것은 그럴만한 실력이 절대적으로 되지도 않는다. 일반 사람들이 불교 신자가 아니라도 충분히 알아두면 좋은 내용이라는 생각을 하기 때문에 관심을 가지고 더 열심히 탐구하기를 바라는 정도이다.

인터넷에서 삼독(三毒)을 찾다가 보니, 네이버 지식백과의 한국학중앙연구원의 한국민족문화대백과에 있는 내용으로 '여자가 가지는 욕망으로는 색욕·형모욕(形貌慾: 얼굴의 아름다움에 대한 욕망)·위의욕(威儀慾: 옷치장에 관한 욕망)·자태욕(姿態慾:

아름다운 몸매에 관한 욕망)·언어욕(言語慾: 아름다운 음성에 대한 욕망)·세활욕(細滑慾: 피부의 윤기에 대한 욕망) 등 6욕을 가지고 있다고 한다'라는 내용이 있다. 이 내용이 사실인지 어떤지 궁금하기도 하고 해서 여기에 옮겨봤다. 이 내용이 사실 그런가 하는 정도로 넘길 생각이었으니, 말 그대로 그냥 넘어간다.

삼보일배는 티베트에서는 목숨을 걸어 두고하는 신앙행위이다. 삼보일배가 틀린 말은 아니지만 그것보다 강렬하게 들리는 단어가 오체투지(五體投地)이다. 우선 오체(五體)에 대해서 알아보면, 다섯 개의 신체 부위로 양 팔, 양 다리 그리고 머리를 말하는데 양 팔과 양 다리는 사지(四肢)라고도 한다. 사실은 팔과 다리보다는 손과 발이라는 말이 어감으로는 좋은 것 같은데, 뭐든 좋다고 다 쓰는 것 그 자체가 좋은 일이 아닐 수도 있다.

투지(投地)는 투(投, 던질 투)와 지(地, 땅지)이니, 설마 땅을 집어서 던진다고 생각하지는 않을 것이고, 그러면 뭐를 던지겠는가? 오체를 땅에 털썩 던지듯이 내려놓는 모습일 것이다. 그러면 부처님 앞에서 절을 할 때 이렇게 할까? 사실은 두 무릎을 땅에 얌전이 꿇고, 두 팔을 땅에 가즈런히 대고 그리고 머리가 땅에 닿도록 공손히 절을 하는 것이 예배(禮拜) 또는 참배(參拜)라고 하는 것으로 알고 있다.

참고로 오체(五體)는 사지(四肢)와 머리의 뜻도 있지만, 한의학에서는 몸에 있는 힘줄(筋)·혈맥(脈)·근육(肉, 힘살)·피부(皮膚)·뼈(骨) 등 5가지를 통틀어 일컬으며, 옛 의학서에 오장

(五臟)과 연계하여 힘줄은 간(肝) 즉 간주근(肝主筋) , 혈맥은 심(心) 즉 심주맥(心主脈), 근육은 비(脾) 즉 비주육(脾主肉), 피부는 폐(肺) 즉 폐주피모(肺主皮毛), 뼈는 신(腎) 즉 신주골(腎主骨)과 배합된다고 하였다.

이 내용도 잘 알지도 못하면서 또 이렇게 주절 주절거리고 있다는 생각이다. 그래도 한마디 하고 넘어가고 싶은 것은 장기 어디가 좋으면 몸의 어디가 좋아지겠다는 생각을 하는 것이 나쁠 이유가 하등 하나도 없다는 점이다. 반대로 장기 어디가 나쁘면 몸의 어디가 나빠지겠구나 생각하고 스스로 조심하는 것도 역시 마찬가지이다. 오체라는 단어도 알고, 다른 뜻도 있는데, 그 뜻은 그렇구나라고 이해하면 하는 마음이다.

오체투지라는 단어를 보면서 티브이에서 보았던 영상이 생각이 난다. 어느 프로그램까지는 생각이 나지 않지만 티베트의 각 지역에서 성지가 있는 라싸(拉薩, lhasa)까지 도로를 따라가면서 삼보일배 즉 오체투지(五體投地)를 연속적으로 하면서 걷는 장면이다. 티베트 불교 성지가 있는 라싸라는 곳은 한자로는 랍살(拉 : 꺾을 랍/납, 薩 : 보살 살)인데, 지명으로 쓰인 것이니 여기에도 굳이 무슨 뜻이 있다기 보기는 어렵다.

그리고 앞에서는 우리나라의 삼보일배 즉 오체투지에 대해서 말할 때 잠깐 언급했지만, 주로 어떤 불이익에 대한 항의의 개념으로 말했지만, 티베트의 경우는 그와는 전혀 다른 생각을 가지고 한다는 것을 알아야 한다. 오체투지할 때는 그 의미가 있는데, 박수 세 번을 치는데, 그 이유는 말과 마음과 행동을 다 부처님께 드린다는 뜻으로 그렇게 한다는 것이다.

여러분, 이렇게 힘들게 오체투지를 하면서 라싸까지 가는 사람들은 대개 먼 곳에서 가기 때문에 짧게는 몇 주, 길게는 6개월, 1년씩 오체투지를 해서 하루에 8시간씩 강행군을 해서 라싸까지 간다고 하는 것입니다. 그리고 라싸에 있는 가장 중요하고도 중심이 되는 사원인 조캉 사원(다자오사=대소사, 大昭寺)

앞에 가서는 그 자리에서 또 일만 배를 한다고 합니다.

티베트에서 이 오체투지의 행위는 실제로 목숨을 걸고 하는 수도 행위라는 것을 알 수 있는데, 만약 이것을 지나가는 말로 "저 사람들 개고생하고 있네"라고 한다는 것은 있을 수 없는 일입니다. 이것은 그들의 행위의 가치가 있고 없고의 문제도 아니고 그들이 하는 행위를 알고 모르고의 문제도 아닙니다. 무조건 그러면 안 되는 것입니다. 항상 말하지만 죽음이란 것은 다른 어떤 것보다 두려운 소멸의 공포를 가지는 것인데, 죽음을 무릅쓰고 한다는 말을 한 번 더 명심하기를 바랍니다.

티베트 사람들은 가난합니다. 가난한 사람은 한 마디로 먹고 살기 위해 더 심한 육체적 고통을 견디며 살아갑니다. 그렇다고 그 가난과 힘듦이 행복하지 않은 것과는 다릅니다. 행복은 그들 마음속에서 다르게 생각할 수 있기 때문일 수도 있고, 아마 오체투지의 고난의 수행이 그들에게는 궁극의 행복의 하나일지도 모릅니다. 절실(切實)이라는 말도 앞에서 썼지만, 이번에는 간절(懇切)이라는 단어를 써 보고 싶습니다.

이 내용은 네이버 검색 결과로 표준국어대사전의 내용인데, 간(懇, 정성 간) 자를 써서 표현하는 간절은 ①정성이나 마음 씀씀이가 더없이 정성스럽고 지극함(예 : 간절한 사랑, 혈육 간의 간절한 정), ②마음속에서 우러나와 바라는 정도가 매우 절실함(예 : 간절한 부탁, 간절한 소원)으로 정의합니다. ②번의 예문 하나는 일부러 괄호 밖에다 쓰는데, 그것은 다름 아닌 "술 생각이 간절하다"입니다. 아마 ②번을 뜻하는 것일 겁니다. 별것 아니지요? 그런 말 마세요. 애주가는 여러분들의 생각과 다릅니다. 달라도 어쩌면 많이 다를 수도 있습니다. 정말 이 세상에 둘도 없는 명 예문이라고 생각할지도 모릅니다.

이런 상황은 다소간의 차이는 있을 수 있을지언정 수시로 각 개인이 처한 입장에 따라 다른 형태로 발생합니다. 우리나라도 산업화 이후 여러 가지 갈등이 복잡하게 발생하고 있고, 그중에서도 생존권 차원인 것도 있고, 생존권은 아니지만 권리의 차원일 수도 있고, 또 한편으로는 욕심일 수도 있는 노사분쟁이, 과거에서부터 현재까지 계속되고 있습니다. 대부분의 분쟁은 참 힘듭니다. 그리고 그 대상이 여러분 가족일 수도 있고 일가친척일 수도 있고 최소한 아무것도 모른다 해도 대한민국 국민이 그러는 것이라고는 알고 있습니다.

내용을 모르고 함부로 도와주라는 말을 하면 안 되겠지요. 그래서 도와주라는 말은 안 합니다. 그런데 보아줄 수는 있잖아요. 무슨 일인지. 방해는 안 할 수 있잖아요. 그냥 보면서 지나가기만하면 되니까요. 그때 보는 눈은 부드럽게 걷는 걸음은 안타깝게, 그렇게만 하더라도 모두 전달이 되는 것입니다. 어떠하든 실제 당사자들인 그들이 해야 하고, 그들이 견뎌야 하고, 그들이 결과를 얻어 내야 하는 것이기 때문입니다.

우리가 얼마 전에 그런 것을 해 봤습니다. 우리 국민 모두가 그렇게 해서 일단 어느 정도 성공을 했습니다. 촛불과 그때 거기의 광장을 말하려는 것입니다. 그때 누가 누구에게 강제한 것은 아무도 없었습니다. 모든 것이 자발적으로 이루어진 것입니다. 전 국민이 모두 참여한 것은 아니지만 그래도 심정적으로 지지를 많이 했을 것이라고도 생각합니다. 한편으로는 어떻든 간에 아픈 역사로 기록되는 것이기도 합니다.

'개'라는 접두어는 아무 생각 없이 함부로 쓰던 것이기는 하지만, 자기 자신을 위해서도 그렇고 남을 위해서도 그렇고 이제는 함부로 쓰면 안 되겠다는 생각이 듭니다. 나의 어떤 작은 어려움이나 마음에 들지 않음에 대해서도 '개고생'이라고 하지 말고 조금 참으면서 조금 더 노력해보는 것으로 생각도 바꾸고 행동도 하면 좋아질 거라 생각하면 합니다.

어떤 현상을 보고 상대편의 마음을 헤아리는 마음을 갖게 된다면, 그것에 대해 함부로 '개고생' 이란 말을 쓰면 안 되겠다는 생각도 여러분 마음속에서 스스로 자리 잡을 것입니다. 여러분도 상대방의 어떤 어려움이나 나쁜 것을 보았을 때, 쾌감을 느낀 것은 아니지 않나요. 그런 상황이 되었다면 도움을 주고 싶은데, 그게 원만하지 않아서 어쩔 수 없는 경우는 경험해 보았을 것입니다.

'나를 내려놓는다'라는 말이 갑자기 생각이 납니다. 이것을 방하착(放下着)이라고 하는 것 같은데, 그러니까 '내려놓아라', '내버려라'라는 뜻입니다. 여기에서 방하(放下)는 '돈이나 곡식을 풀어서 나누어 줌의 뜻'이나 선종 불교에서는 '정신적 육체적인 일체의 집착을 버리고 해탈하는 일 또는 집착을 일으키는 여러 인연을 놓아 버리는 일'이라고 합니다. 그리고 착(着, 붙을 착)은 어조사로 쓰여서 명령이나 부탁을 강조하는 것으로 '~해라'라는 뜻으로 쓰였습니다. 그러니 한 마디로 '모든 것을 내려놓아라'라고 하는 것 같습니다.

이와 같은 의미로 역시 불교에서는 하심(下心) 즉 '자기 자신을 낮추고 남을 높이는 마음 또는 자기의 마음을 스스로 겸손하게 갖는 것'이란 말도 있고, 같은 말로 굴기하심(屈己下心) 즉 '사람을 대할 때 자기 자신을 굽히고 마음을 겸손하게 갖는 것 또는 스스로 잘난 체하지 않고 늘 부족하다고 겸손해하면서 다른 사람을 존경하고 높여주는 것'이란 말도 있습니다.

이번 글에는 '개'라는 별로 안 좋은 말로 시작을 해서, 중간이나 말미에 이르기까지 좋은 말들이 무더기로 등장하고, 게다가 어려운 단어 또한 무더기로 등장했습니다. 거기에 불교와 한의학에 관련된 용어들이 뒤섞여 나오면서 한자를 많이 쓰고 오히려 글을 읽는데 짜증을 섞어 놨다고 생각이 됩니다. 그런데 이 글을 쓰는 나는 제법 재미가 있었습니다. 과거에 알았던 것이지만 아리아리 한 것들도 많았고 게다가 헷갈리던 것도 많았었는데 하나하나 찾아보면서 다시 알게 되는 즐거움 말입니다.

사실 처음 구상과는 달리 글이 꼬여서 여기까지 끌고 오는데 많이 힘들었습니다. 전체적으로 마음에 든다 안 든다 이렇게 따져 볼 수도 있지만 그럴 필요 뭐 있습니까. 사람들이 살다 보면, 걷다가 발이 꼬인다, 술을 마시다가 혀가 꼬인다, 한참 말을 하다가 말이 꼬인다, 이런 말은 들어 봤는데 글을 쓰다 글이 꼬이는 것도 있다는 것을 오늘 또 알았습니다. 참 이상하게 어려운 시간이었습니다.

오늘 6월 8일 금요일 오후 1시 조금 지났습니다. 6월 초순 열기에 아직 머리는 안 돌았으니, 저 친구 더위 먹고 머리가 돌았군. 이런 게 재미있다고 하다니, 이런 말은 하지 마세요. 아마 한 달 후쯤에 태양이 제대로 익어서 불덩이가 되어 열을 발산하는 무더위가 찾아온 7월에, 거기에 장마철 한가운데 비가 와서 습기도 가득 찬 어느 날이라면, 그런 이야기를 하면 어쩌면 맞을지도 모르겠지만요. 오늘 시간 때우기가 여기서 끝 이란 점 눈치 챘지요. 땡.

빈 칸 6 : 추억 또는 한마디, 쓰고 싶은 것 쓰기.

1.

2.

3.

4.

시간 때우기

02-08-0020

/

2018. 06. 16(토)

이 글에 사용된 단어들

#통계청-통계자료

#동전-주사위

#출산율

#고령화

#노동가능 인구

오늘 시간 때우기는 그래프 보는 것부터 시작한다. 심심하면 놀고, 그래도 심심하면 또 놀고 그래도 심심하면 잔다. 자다가 깨서 심심하면 한 번 더 잔다. 그게 시간 많은 사람들이 하는 하루 일과 중, 하는 짓이다. 누가 국가기관인 통계청에서 생산한 통계자료를 보고 이런 생각 저런 생각 하며 개인적인 걱정을 하고 국가적인 걱정을 하고 세상일에 대해서 고민하고 있겠는가?

아마 중고등학교 시절 통계라는 수학 과목을 어렵게 생각하는 사람들이 많아서 그런지 통계라는 말 자체도 별로 좋은 인상은 아닌 것 같다. 하기야 수학을 어느 정도 한다고 해도 통계를 다루는 수학적인 방법은 왠지 더 이해가 안 가는 수학 같은 선입관도 있을 것이다. 그게 아마도 동전 던지기나 주사위 던지기 같은 것으로 재미로 시작을 하는 줄 알았는데, 이것이 시간이 지나면서 어째 장난이 아닌 것 같다고 이해할 때 신경질이 나기 시작했을 것이다.

동전 던지기는 친구들과 빵값 내기 그리고 조금 성인이면 술값 내기 정도로, 동전 하나 던져서 결정하기 위해 하는 것으로 생각했다. 그런데 갑자기 동전을 두 개 던졌을 때, 둘 다 앞면이 나올 확률을 물어보지를 않나 아니면 적어도 한번 앞면이 나올 확률을 물어보니, 심한 경우 기분까지도 나쁘다고 하고 알레르기 반응이 일어난다고 하는 경우도 있다.

가령 동전의 한 면을 앞(H, head)이라 하면 반대를 뒤(T, tail)

라고 하자. 그러면 처음도 앞 두 번째도 앞이면 HH, 처음은 앞 두 번째는 뒤이면 HT, 처음이 뒤 두 번째가 앞이면 TH, 처음도 뒤 두 번째도 뒤이면 TT 등 총 4가지 경우가 발생한다. 둘 다 앞면(HH)이 나올 확률은 총 4가지 경우 중의 하나이므로 1/4이고, 적어도 한번 앞면은 HH, HT, TH로 총 4가지 중 3번이나 발생하게 되므로 3/4이다.

동전은 앞과 뒤 2가지 경우이지만 주사위는 눈이 1부터 6까지 가진 정육면체이다. 상식적으로 더욱 복잡해질 것은 뻔하다. 그런데 만약 동전은 물론 주사위에 대해서도 잘 이해하고 있다면 지적 수준이 더 높다고 이해해야 할 일이지, 별 쓸데없는 것을 알고 있다고 하면 그것참 민망한 일이 될 거다. 주사위에 대해서는 우선 아래 표를 보자.

주사위 2개를 가지고 우선 하나를 던졌을 때 나타나는 눈의 수는 1, 2, 3, 4, 5, 6이다. 그리고 두 번째 주사위를 던지면 나타나는 눈의 수도 역시 주사위 1과 관계없이 역시 1, 2, 3, 4, 5, 6이다. 그러니까 주사위 1의 눈이 1일 때, 주사위 2의 눈이 1일 수도 2일 수도 등을 나타내면 다음과 같은 표가 만들어질 것이다.

주사위 1의 눈의 수	1						2						3					
주사위 2의 눈의 수	1	2	3	4	5	6	1	2	3	4	5	6	1	2	3	4	5	6
주사위 1, 2의 눈의 합	2	3	4	5	6	7	3	4	5	6	7	8	4	5	6	7	8	9
주사위 1의 눈의 수	4						5						6					
주사위 2의 눈의 수	1	2	3	4	5	6	1	2	3	4	5	6	1	2	3	4	5	6
주사위 1, 2의 눈의 합	5	6	7	8	9	10	6	7	8	9	10	11	7	8	9	10	11	12

이렇게 만들어진 것을 주사위 1의 눈과 주사위 2의 눈의 합을 계산하면, 주사위 1의 눈이 1이고 주사위 2의 눈이 1일 경우 그 합은 2가 된다. 주사위 1의 눈이 1이고 주사위 2의 눈이 2일 경우 그 합은 3이 되고, 주사위 1의 눈이 2이고 주사위 2의 눈이 1일 경우 그 합 또한 3이 된다. 매 경우를 이렇게 계산하면 마침내 표가 완성된다.

이 표를 관찰하면 눈의 수의 합이 2가 되는 경우는 주사위 1의 눈이 1이고 주사위 2의 눈이 1일 경우 한 번이다. 그리고 주사위 1의 눈이 6이고 주사위 2의 눈이 6일 경우 그 합은 12이며 이 또한 한 번만 나타난다. 그러면 합이 5가 되는 경우는 몇 번이 될 것인가를 따져보면, 주사위 1의 눈이 1이고 주사위 2의 눈이 4일 경우, 주사위 1의 눈이 2이고 주사위 2의 눈이 3일 경우, 주사위 1의 눈이 3이고 주사위 2의 눈이 2일 경우, 주사위 1의 눈이 4이고 주사위 2의 눈이 4일 경우 총 4번이다.

주사위 눈의 합의 값이 9일 경우에도 역시 총 4번 출현한다. 이렇게 관찰하여 만든 것이 아래 표이다. 이 표에서 또 알아야 할 것은 주사위 2개 던지기에서 발생할 수 있는 모든 경우는 총 36가지가 된다는 점이다. 그것이 누적 출현 횟수의 마지막 합계에서 나타난 숫자이다.

눈의 수의 합의 출현 횟수	합의 값	출현 횟수	누적 횟수
눈의 수의 합이 1회 출현	2, 12	1×2 = 02	2
눈의 수의 합이 2회 출현	3, 11	2×2 = 04	6
눈의 수의 합이 3회 출현	4, 10	3×2 = 06	12
눈의 수의 합이 4회 출현	5, 9	4×2 = 08	20
눈의 수의 합이 5회 출현	6, 8	5×2 = 10	30
수의 눈의 합이 6회 출현	7	1×6 = 06	36

지금 여러분들이 주사위와 관련된 위의 두 표를 이해했다면 주사위 문제에 대해 어떠한 질문도 다 해결할 수 있다. 만약 두 개의 주사위를 던졌을 때 합이 6이 될 확률은 얼마인가를 묻었다면, 합이 6이 되는 것이 5회 출현이니까 전체 36회 중에서 5회이므로 5/36이라고 하면 된다. 그러면 3/36 = 1/12의 확률이 될 수 있는 두 주사위 눈의 합은 얼마인가라고 묻는다면 주사위 눈의 합의 출현이 3회가 되는 것이므로 합이 4일 수도 합이 10일 수도 있음을 알 수 있겠다.

아무리 어렵게 물어보더라도 위의 표만 이해했다면 대답을 못 할 수가 없다. 아마도 주사위 눈의 수를 읽고, 더하기를 했고 그리고 마지막으로 분수 표현 그러니까 나눗셈까지 했는데, 모든 걸 이해했다. 아하 주사위 던지기 문제는 사칙연산 범위 내에서 모두 이해할 수 있구나 할 것이고, 이제는 주사위 던지기와 관련된 것이 아주 쉽다고 느낄 것이다.

그런데 수학 중에서 사칙연산(四則演算)을 가지고도 유용한 통계자료로 충분히 이용할 수 있기도 하지만, 실제 복잡한 경영 문제나 경제문제 등 응용통계를 다루게 되면 고도로 복잡하고 어려운 수학적인 방법을 써서 이해해야 할 어려운 통계도 있다. 그런데 잘 알아야 할 것이 하나 있다. 쉬운 방법을 써서도 충분히 이해할 수 있는 것을 애써 어려운 방법으로 이해하는 것은 어리석은 짓이다.

그때 그렇게 하는 데에는 이유가 있다. 교육과 훈련을 위해 생각보다 어려운 방법까지 가능하면 모두 찾아보는 것이다. 그래서 그것을 체계적으로 하기 위한 교육기관이 초등 - 중등 - 고등 - 대학으로 나뉘어 단계별로 난이도를 높여가면서 오랜 기간하는 것이다. 이렇게 한 결과는 지식(知識, knowledge)이라고도 하지만 궁극적으로는 창의성(創意性, creativity)의 계발(啓發)에까지 이뤄져야 하나 사실상 그렇지는 못한 것 같다.

하여튼 어려운 통계 방법 만이 중요한 게 아니라는 점을 말하고 넘어가려고 한다. 그러면 우리가 일상생활에서 어떤 데이터를 얻었다고 우선 가정한다면 그다음으로는 비교적 쉬운 계산 그리고 쉽게 이해할 수 있는 표와 그림, 그래프를 만들고 - 보고 - 해석할 줄 알고, 심지어는 그것을 경제활동에 활용할 수 있다면 최상일 것이다. 사람들이 언제나 최상은 상상 속에 있다고 생각하니, 최상은 내버려 두고라도 차상이라도 생각할 수 있으면 좋겠다.

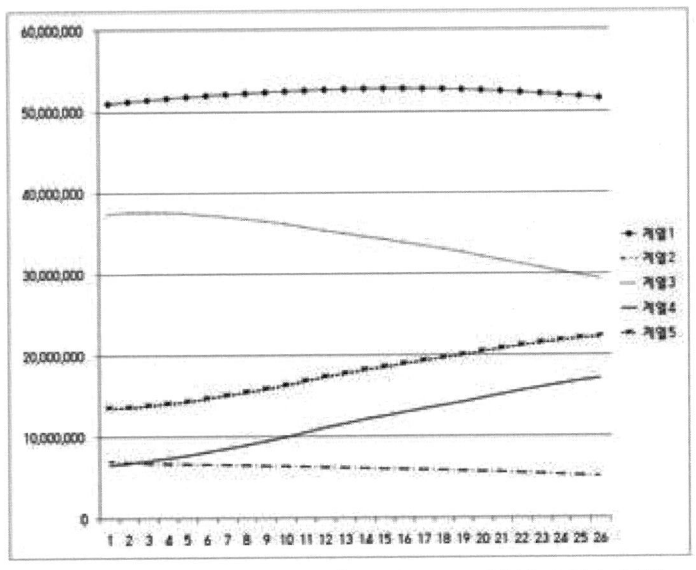

가로축 1 = 2015년, 2= 2016년, …26=2040년(총 26년 추계)

오늘은 그래프를 보는 것부터 시작한다고 했으니 그래프를 보자. 그래프의 가로축은 2015년부터 2040년까지 26년의 눈금이다. 세로축은 1천만에서부터 6천만까지 인구수를 나타낸다.

이 그래프는 통계청 데이터를 이용하여 그린 것으로 출산율 현 수준 추계(출산율-현 수준/기대수명-중위/국제순 이동-중위)로 하였으며, 가로축 1 = 2015년, 2 = 2016년, … 26 = 2040년이며 총 26년 추계 데이터이다. 또한 그래프상의 각 계열은 아래 표로 요약을 해 놨다.

출산율 현 수준 추계 (출산율-현 수준/기대수명-중위/국제순 이동-중위)

추계종점순서 (위에서 아래로)	계열	계열설명
1	계열1	총인구(명)
5	계열2	인구(명): 0-14세
2	계열3	인구(명): 15-64세 ← 노동인구
4	계열4	인구(명): 65세 이상
3	계열5	노동인구가 부양해야 할 인구

위의 그래프 작성에 쓰인 데이터의 설명은 통계청에서 데이터를 받을 때 자동적으로 제공하게 되는데, 이런 정보를 메타정보(meta data)라고 하며 아래와 같다.

메타정보는 데이터에 관한 구조화된 데이터라고 말할 수 있는데, 다른 데이터를 설명해 주는 데이터라고 말할 수 있다.

○ 통계표명	시나리오별 추계인구(총인구, 인구구조, 성비 등)/전국
○ 조회기간	[년] 2015~2040
○ 출처	통계청, 장래인구추계
○ 자료다운일자	2018. 05. 09 09:55
○ 통계표URL	http://kosis.kr/statHtml/statHtml.do?orgId=101&tblId=DT_1BPA401&conn_path=I3 * KOSIS 개편 시 통계표 URL은 달라질 수 있음

○ 주석 통계표	주1) 2016년 12월에 공표한 장래인구추계 자료임. 주2) 매년 7월 1일 시점 자료임. 주3) 작성대상 인구는 국적과 상관없이 대한민국에 상주하는 인구임.(외국인 포함) 주4) 미래의 불확실성을 반영하기 위해 총 30개의 장래인구추계 시나리오를 작성하였으며, 그중 기본 시나리오 3개(중위추계, 고위추계, 저위추계)를 제외한 나머지 27개 인구추계 시나리오에 대한 추계결과임. 〈지표설명〉 - 성비=남자 인구/여자 인구 * 100 - 인구성장률=ln(Pt/Po)/T * 100 (Po 기준연도 인구, Pt 비교연도 인구, T는 비교 기간)

그러니까 위의 그래프를 만들 때 사용한 데이터는 통계청에서 구한 후 그래프를 그렸다. 이때 통계청에서 구한 데이터가 언제 어떻게 작성되었나, 주 내용에 대한 접근은 누가 관리하는가 등의 책임 관계 또는 접근 방법이나 이용 방법에 대한 문제 등에 대해 설명해 놓은 데이터로서 데이터에 관해 모든 내용을 기록한 데이터라고 보면 된다.

이제는 통계 데이터 설명을 위해 필요한 것은 이 정도면 되고 그래프를 보면서 해석만 하면 된다. 우선 그래프를 보면 맨 위의 계열 1을 보면, 2015년을 기준으로 총인구가 5천만 명을 넘고 나서는 2025년에서 2035년까지 눈곱만큼 증가하는 듯 보이다가 점차 하향하여 2040년에는 다시 2015년 수준이 되는 것을 볼 수 있다. 그러니까 2015년부터 2040년까지 26년간을 보면 거의 증감이 없이 정체 상태로 가고 있다는 것을 알 수 있다.

계열 2는 맨 아래에 있는데, 아이와 청소년이다. 이 계열은 처음부터 끝까지 감소하고 있다. 신문에서 아이를 안 낳는다고 하거나, 결혼을 못 하거나 결혼을 하더라도 아이를 못 낳겠다고 하는 뉴스를 접했을 것인데, 바로 그것을 나타내는 데이터이다. 이러니 현재 일어난 문제가 학령인구의 감소이고, 그다음이 노동인구의 감소이고, 그러다가 경쟁력의 상실이고, 이런 부정적인 말들이 줄줄이 사탕처럼 죽 연결되게 마련이다.

계열 3은 15세에서 64세까지의 인구로 노동가능인구라고 불린다. 노동가능인구는 거의 4천만 명에서 2040년에는 3천만 명 아래로 급격히 떨어진다. 이 현상은 한마디로 말하면, 일 할 사람이 없다는 뜻이 된다. 그런데 의아할 것이다. 요즈음 이렇게 실업자도 많고, 취업을 한 번도 못 해본 청년실업자도 많은데 어찌 이런 일이 하면서 말이다. 몇 줄 넘어간 후에 그것에 대해서 알게 될 것이다.

계열 4는 4번째이고 계열 5는 3번째인데, 비교적 그 모습이 비슷하게 진행된다. 계열 4는 노인인구인데 우리나라가 세계에서 제일 빠른 속도로 증가하는 노인들로 고령사회와 초고령 사회를 구성하게 된다. 그러니 계열 5인 노동가능인구가 부양해야 하는 인구인 이들 노인인구와 아이와 청소년 인구를 합한 인구가 증가할 수밖에 없다. 이 이야기는 또 어떤 의미를 갖고 있을까가 궁금하다. 아마 이런 글을 읽어 봤는지 모르겠는데, 일하는 사람보다 부양해야 할 사람이 많아진다는 것이다.

여러분들은 지금 너무 단순한 그래프를 보고 있다고 생각할지도 모른다. 그리고 해석이니 뭐니 할 필요도 없다고도 말할지 모른다. 그런데 지금 우리가 처한 상황이 그렇게 한가한 게 아니다. 지금 실업은 매우 고통스러운 삶을 살게 하는 게 분명하다. 실업이란 경제적인 어려움도 있지만 그것보다도 아무것도 안 한다거나 또는 아무것도 못 한다거나 그런 말이고 다른 말은 매일 놀아야 된다는 것이다.

그런데 이건 우리나라 산업의 구조적인 일이라 당분간은 이 현상이 지속될 것이다. 이 이야기는 거의 한세대, 한 세대를 30년이라고 보면, 그 한 세대가 구멍이 뻥 뚫린 진공 공간처럼 살아갈 수밖에 없다. 과거 10 내지 20년의 실업자도 그렇고 오늘 실업자도 그렇고 미래 10년간의 실업자도 취업을 하기는 어렵다. 아까 말했듯이 구조적이라 그렇다. 정부가 어떤 대책을 세우더라도 안 된다.

그런데 신기하게도 이 문제는 시간이 해결해 줄 것이다. 그 어려운 실업 문제가 그렇지만 결국 10년 전후로 해서 실업은 완전 해소 글쎄 완전히 해소라고 하면 될지 안 될지 모르겠으나 어떻든 취업 문제는 해소될 것이 분명하고, 오히려 일 때문에 힘들어 죽겠다고 할 정도로 반전이 일어날 것이다. 이 또한 구조적으로 그렇게 될 것이다.

일본을 비교하는 것이 마음에 내키는 일은 아니더라도 일본이 그랬다. 높은 실업률로 많은 고통을 받았고 사회적 문제도 많이 생겨나기도 했다. 그런데 지금은 사람이 모자라서 정년 연장에서 이제는 정년 폐지로 가고 있고, 몇몇 회사들은 외국인이라도 고용을 해서 일을 하려고 하고 있다. 그래서 일부 동남아 국가에 기술고등학교 또는 기술 전문학교를 직접 설립하여 인력양성을 하고 있다.

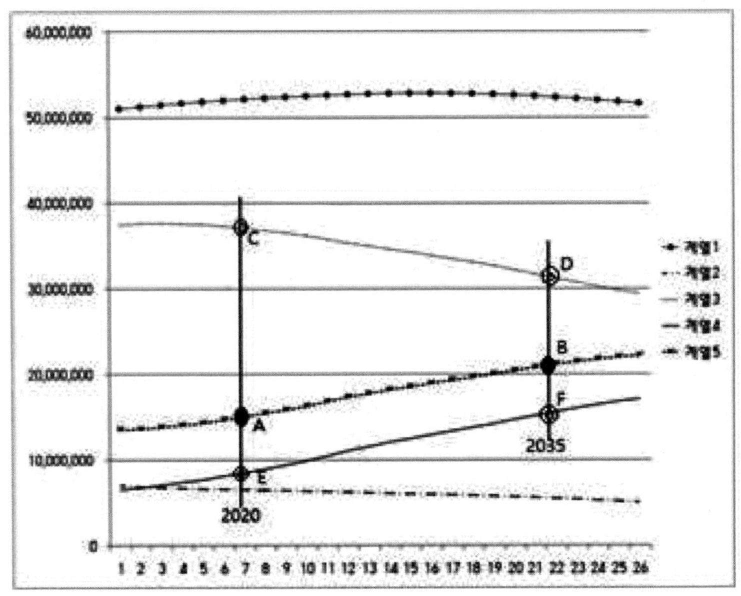

그림. 노동인구가 부양해야 할 노인인구

이런 사실을 설명하기 위해서는 위 그래프보다는 조금 더 손을 써서 만든 그래프를 보는 것이 도움이 되겠다. 같은 그래프에 몇 가지 표시를 한 것뿐이다. 그러므로 기본적인 데이터는 같으므로 표시한 점 A, B, C, D, E, F와 2020년과 2035년을 계열 3, 4, 5를 잘 보면 된다.

표. 2020년과 2035년 노동인구가 부양해야 할 부양인구

인구구성	2020년 인구구성	2035년 인구구성	인구증감 (2035년-2020년)
총인구(명)	51,984,082	52,466,541	+ 482,459
인구(명): 0-14세 (유아 · 청소년인구)	6,584,689	5,603,807	- 980,882
인구(명): 15-64세 (노동인구)	37,265,725 (C point)	31,686,833 (D point)	- 5,578,892
인구(명): 65세 이상(노인인구)	8,133,668 (E point)	15,175,901 (F point)	+ 7,042,233
부양인구*	14,718,357 (A point)	20,779,708 (B point)	+ 6,061,351

* 부양인구 = 노동인구-유아·청소년인구-노인인구

우선 부양인구는 실제 경제활동을 통해 생산 및 소비 활동을 하면서 세금은 물론 각종 부담금을 주로 담당하는 사람들이다. 세금이야 국세 지방세 관세 등으로 크게 구분이 되지만, 이 부담은 해당자 모두에게 고르게 부담이 된다. 그러나 국세이면서 근로활동에 따른 소득에 부과되는 갑근세(갑종근로소득세) 대상 인구이기도 하다. 그 부양인구는 전체 노동인구가 유아·청소년 인구에다가 노인인구를 빼야 되는데 즉 부양인구* = 노동인구 - 유아·청소년 인구 - 노인인구인데, 이 비율이 점차 높아진다는데 문제가 있다.

노동인구의 순 증가 공급은 출산밖에 없는데, 출산율은 벌써 오래전부터 하향하고 있음을 계열 2를 통해 알 수 있었던 것이다. 또 다른 노동인구 공급은 정년 연장 등 일하는 시간을 늘리

는 방법이 있는데, 이 방법은 그렇지 않아도 노후 준비가 안 된 노인인구들이 계속 직업을 구하고, 유지하고 하면서 자연스럽게 늘어나고는 있다.

이 그래프에서 2020년의 Point C는 노동인구이고 Point A는 노동인구가 부양해야 할 인구이며 그리고 Point E는 65세 이사의 노인인구이다. 2035년의 Point D는 노동인구이고 와 Point B는 노동인구가 부양해야 할 인구이며 그리고 Point F는 65세 이사의 노인인구이다. 2020년에서 2035년까지 15년 동안 인구 증가는 정체하고 노인인구는 급격히 증가해서 노동인구가 또한 급격히 감소하게 된다. 그러면서 부양인구 또한 급격히 증가하게 된다.

이 이야기는 결국 노동인구 1인당 부양인구의 비율이 점차 줄어든다는 이야기가 되는데, 가령 2020년에는 노동인구 1인당 부양비율[= (A ÷ C)×(100%) = (14,718,357÷37,265,725)×(100%) = 39.49…%]이 대략 39.5% ≒ 40%가 된다. 그렇다면 2035년에는 노동인구 1인당 부양비율[= (B ÷ D)×(100%) = (20,779,708÷31,686,833)×(100%) = 65.55…%]이 대략 65.6%≒ 66%가 된다.

1인당 비율로 하니 백분율로 표시되었는데 100명당으로 기준을 바꾸면 2020년에는 노동인구 100명이 40명 정도를 부양하며 살아야 했는데, 2035년이면 100명당 66명을 부양하면서 살아야 한다는 의미가 된다. 그러니 시간이 흐르면서 부양인구의 수 보다 오히려 노인인구의 증가 속도가 빠르다는 것도 알 수 있다.

위 상황을 그림으로 보면 더 시각적으로 확실히 확인할 수 있다. 2020년 Point A와 Point C 사이의 높이 차이와 2035년 Point B와 Point D 사이의 높이 차이를 비교하는 것인데, 확연한 차이가 난다는 것을 알 수 있을 것이다. 노인인구의 증가와 그에 따른 노동인구 은퇴자의 증가에 따른 노동인구 감소와 부양인구 증가의 관계를 나타낸다. 그에 비해 2020년 Point A와 Point E 사이의 높이 차이와 2035년 Point B와 Point F 사이의 높이 차이를 비교해보면 별 차이가 없다. 바로 부양인구의 증가가 노인인구의 증가와 같은 속도로 일어난다는 것을 알 수 있다.

이것의 또 다른 의미는 무엇일까? 결국 인구의 고령화가 진행되면서 우리나라 사회 전체가 활력이 떨어진다는 것을 알 수 있는데, 그것이 고령화의 진행만큼 또는 그 이상으로 노동인구의 감소로 나타나면서 일자리 자체의 문제는 줄어들지만 또 다른 새로운 문제가 생겨난다고 생각할 수 있을 것이다.

그래서 2018년 현시점에서 문제로 인식되고 있는 것이 실업 문제와 고령화 문제가 되겠다. 현재의 실업자를 당장 해결할 방법은 한 마디로 없다. 구조적이라고 보는 것이 타당하다. 일자리를 늘리려면 제조업을 부흥시켜야 하는데, 제조업의 일은 어렵고 타 업종에 비해 생산성이 높지 않기 때문에 임금이 상대적으로 적을 수밖에 없다. 그나마 인건비와 노동조합 등 경영간섭으로 생각될 수 있는 소지 등으로 기계화 자동화 등에 따른 인력 사용의 감소 등 여러모로 어렵다. 이게 바로 앞에서 이야기한 구조적인 문제의 하나이다.

고령화에 따른 문제 또한 영양 의료 위생 등의 발전으로 계속 수명연장이 이루어지면서 가속화될 것인데, 단순한 노동력을 필요로 하는 일자리를 만드는 것도 나라 내에서도 경쟁력이 없지만 국가 간의 경쟁력을 기대하기는 어렵다. 그러므로 국가에서 나서서 노인연금 등을 지급하고는 있는데, 이것도 근본적인 해결책으로 보기는 어려운 것 같다.

시간이 흐르면서 신생아 감소, 노인인구로 편입되면서 은퇴 등의 감소로 어차피 직업을 구하는 것은 얼마 후 해소될 것으로 보인다고 볼 수 있지만 그렇게 될 경우 노동인구의 과도한 부양부담, 활력이 떨어진 사회 구성 그러면서 국가 전체의 경쟁력 약화 등은 어떻게 될 것인지 모를 일이다. 어차피 한 나라나 한 사회가 한두 개의 변수를 조절해서 해결될 수 있는 것은 아니다. 우리나라의 경우도 경제를 모형화하기 위한 투입산출분석에 쓰이는 변수가 몇 백 개 이상은 될 것으로 보이는데 정확히 알지는 못하기 때문에 뭐라고 말할 수는 없지만 아주 복잡한 문제 임에는 틀림이 없다.

이런 틈바구니에서 나만 잘살아야 한다고 하기도 하지만 나만 잘 살 수 있는 방법은 별로 없다. 그냥 같이 잘 사는 방법을 생각하면서 살아가야 한다고 생각하는데, 그게 사람들 개개인

모두 서로 다른 욕심을 가지고 있으니 이 또한 어렵다는 것을 금방 알 수 있다. 물론 혼자만 잘사는 사람은 재벌 2세 3세 등 신문지 들쳐보면 가관인 경우와 그 상황을 만들어 낸 사람들이 없는 건 아니지만 일반화할 수는 없다. 그들은 1세대 창업자의 노력과 시대와 맞는 궁합을 맞춰 열심히 노력하여 성공한 사람들의 후(後) 세대들이기 때문에 그렇다.

오늘 시간 때우기는 별로 어렵지 않다고 생각하고 쓴 글이다. 실제로 내 생각에는 하나도 어렵지 않았다. 사칙연산에다가 꺾은 선 그래프 그린 것 외에 별로 한 게 없으니까 말이다. 혹시 동전 던지기와 주사위 던지기가 어려웠나? 그렇지 않다. 세상에는 그보다 단순한 것이 뭐 얼마나 더 있을지 모르겠지만, 이보다 더 단순한 것도 없다. 사람이 사는데 이렇게 단순하게 살 수는 없기 때문이다. 주사위 2개 던졌을 때 경우의 수는 36가지였었고, 만약에 3개를 던졌다면 216가지 경우의 수가 만들어질 것이고, 4개를 던졌다면 1,296가지 경우의 수, 5개를 던지면 7,776가지 경우의 수가 되고, 6개를 던지게 되면 46,656가지의 경우의 수가 생긴다.

여러분이 주사위 6개를 가지고 운명을 결정할 수 있다면 한 번 도전을 해 보겠는가 아니면 너무 많은 경우의 수가 있으니 시작조차 안 하고 경우의 수를 알아보는 것조차 하지 않을 것인가 궁금하다. 만약 처음의 경우의 수가 인생 최대의 행복을 가져다주는 것인데, 시작을 안 한다면 어떻게 되는가? 반대로 시작했는데 46,656번째에 인생 최대의 행복을 줄 수 있는 것이라면 어떻게 할 것인가도 궁금하다. 인내는 쓰다고 하고, 그 열매는 달다고 하는 말을 들었을 것이다.

인내는 쓰다고 하지만 그 열매가 달다고 하면, 인내 역시 그 과정일 뿐이지 결국은 달았던 것이다. 그렇게 느리고 바라지 말고 쉼 없이 산다는 것이 인생이기는 하지만, 막상 그렇게 살게 되면 참 답답하다고 생각할지도 모른다. 그런데 그게 삶의 왕도이다. 목적지에 다다르는 다른 길이 많지만, 오히려 내가 가고자 마음먹은 것이 오직 유일한 지름길이라고 생각하는 것이 행복한 사람이고 현명한 사람이다.

글을 마무리하려고 생각하니 오늘 이 동전 던지기와 주사위 던지기가 분량을 초반에 너무 많이 소비하게 되어서 다른 내용이 상대적으로 줄어든 느낌이 든다. 앞으로도 통계청에서 얻은 데이터를 이용하여 그래프를 그려가면서 글을 쓸 생각이기 때문에 좀 느리고 지루하게 말을 해야 했던 것 같다. 다 알고 있다고 생각하지만 그래도 혹시 모르는 사람들이 있다면 같이 이해하면 좋겠다는 마음으로 그랬나 보다.

사실 이것보다 더 멋있는 글이 될 것이라고 생각했는데, 어떻게 된 것이 생각대로 잘 쓰지는 못한 것 같다. 이게 바로 천(淺, 얕을 천) 과 비(菲, 엷을 비) 또는 단(短, 짧을 단) 자가 들어간 단어 천학비재(淺學菲才) 또는 천학단재(淺學短才) 하다는 것을 나타내는 것이 아닌가 생각한다. 아니 이 단어를 쓰는 것조차 잘못이 아닌가 생각이 된다. 그럼에도 불구하고 혹시나 하며 너그러이 혜량(惠諒) 하기를 바라는 마음으로 마친다. 끝.

빈 칸 7 : 추억 또는 한마디, 쓰고 싶은 것 쓰기.

1.

2.

3.

4.

시간 때우기

02-09-0021

/

2018. 06. 22(금)

이 글에 사용된 단어들

#인지상정
#관-혼-상-제
#페르마-피티고라스
#허례허식
#소진증후군

사람들이 살면서 좀 어렵거나 안타까운 일을 보게 되면 서로 도움의 손길을 내밀려고 하고, 그렇게 하는 것을 인지상정(人之常情)이라고 하면서 비교적 자주 쓰는 말이란 것을 안다. 인지상정이란 보통의 사람이라면 누구나 항상 가지고 있는 사람의 정 또는 생각으로 영어로는 human nature, human feelings이라고 한다.

이와 같은 의미를 가진 단어로 쓰이는 것이 아마 십시일반(十匙一飯)이 아닌가 생각된다. 십시일반에서 시(匙, 숟가락 시)는 숟가락인데 십시(十匙)이니까 열 숟가락이 되고, 반(飯, 밥 반)은 밥인데, 일반(一飯)이니까 밥 한 그릇이 그러니까 한사람 먹을 정도가 된다는 뜻으로 직역이 되고, 결국 여러 사람이 힘을 합하면 한 사람쯤은 도와줄 수 있다는 것을 비유적으로 하는 말이다.

이번에는 좋은 일이든 나쁜 일이든 아니면 뭔가 기념해야 할 일이 생기면 그것에 따른 예식(禮式)을 따르게 된다. 이때 쓰이는 단어 중에 잘했을 때야 별말이 없지만, 잘 못 했을 경우 대표되는 용어가 아마도 허례허식(虛禮虛飾)이라는 단어가 쓰일 것이다. 허례허식은 마음이나 정성이 없이 예식을 겉으로만 번드르르하게 꾸며서 하는 것으로 영어로는 empty formalities and vanity로 표현한다.

우리가 예식 하면 결혼식으로 우선 생각하기 쉬우나 실제로는 관-혼-상-제(冠-婚-喪-祭)라는 말이 있듯이, 관례-혼례-

상례-제례(冠禮-婚禮-喪禮-祭禮) 같은 오래된 예식이면서 인지상정과 관련이 깊은 예식이 있다. 사람들의 生-老-病-死에서 生 이후 성장하여 성인이 되는 예로 성인식인 관례가 있고, 성인식 후 가정을 합법적으로 꾸리는 예식인 결혼식 그러니까 혼례를 치른다. 혼례 후에는 가장 오랜 시간 삶을 꾸리며 생활(生活)을 하게 된다. 이때 생활도 종류가 많다. 가정생활, 사회생활, 여가생활, 취미생활 등 사람들이 혼자가 아닌 두 명 이상인 다수가 공동의 목표를 향해 무엇인가를 하면서 살아가는 것이다. 그러면서 산다는 것, 생활인이라는 게 만만하지 않다는 것을 알게 된다.

그 사람의 삶이 어떠하든 간에 그는 그의 수명을 다하게 되면 죽었다고 할 것이며, 그가 죽으면 상례라는 것을 정성껏 치르어 준다. 그것도 예이고 과거에는 아주 복잡했지만, 지금은 결혼식장과 같은 개념의 장례식장이 성업 중이다. 이 시점에서 관례는 거의 사라져 가고, 어차피 혼례와 장례는 대중들에게 공개하는 것이라서 자꾸 호화로워지고 그러면서 비용이 급증하고 있다. 장례를 마치면 죽은 날을 추념하며 매년 제사라는 것을 지낸다. 결국 자식들은 오랫동안 정성을 들여 제사 즉 제례를 치르면서 세대를 이어가는 것이 그래도 기본적인 것으로 볼 수 있다.

이렇듯 한 사람의 전 생애를 통해서 환희-즐거움-웃음과 비통-슬픔-눈물에 이르는 여러 복합적인 과정에서 느끼고 생각하고 행동하면서 삶을 살아간다. 이것은 나 혼자만의 삶이 아니라 가족-이웃-사회 구성원 모두 함께 살아가는 것이다. 이때 각종의 예를 치르면서 마음도 써야 하고 금전적 비용의 지출도 일어나게 된다. 그중에서 가장 큰 행사는 나에 대한 것일 수 있는데, 아마 결혼식일 것이다. 부모가 일정 정도 이상의 지원을 해 주기는 하지만 그래도 가장 허례허식에 노출될 가능성이 높다. 일생에 단 한 번뿐인 행사라고 하면서 말이다.

그 외에도 자식들의 백일잔치, 돌잔치가 허례허식을 할 가능성이 크고, 그와 비슷한 정도로 부모님들의 회갑연, 칠순연, 팔순연 등도 대표적인 허례허식에 빠지기 쉬운 행사이다. 나머지 당선 축하, 승진 축하, 진급 축하 등 나 개인의 생활은 아니지만, 주변 지인들의 행사에 참석하여야 하고 금전적 지출 등 생각지도 못한 것들이 예상외로 많다. 그 행사들 모두는 그 행사에 맞는 많은 예(禮)가 필요하다.

여기에서 중요한 것은 어떤 경우이든지 간에 예식에 대해서 보는 눈이다. 보는 눈에는 예식의 개최자인 보여주기 위한 눈과 예식에 손님으로 참석하는 보아주는 눈이다. 그것에 대해서 몇 마디를 하려고 앞서 사자성어 같은 단어에다 한자까지 풀이해 가며 엄청나게 뜸을 들인 것 같다. 사실 별 내용도 없을 것 같은데, 시작을 어렵게 하는 것을 보니 뒤가 별로겠다.

인지상정의 좋은 예는 잘 보는 것이다. 여기에서 본다는 것은 실제 눈으로 그 대상을 보는 것을 말한다. 그 대상이란 누구인가? 어려운 사람이다. 어려움의 종류를 일일이 열거할 수는 없지만, 정신적으로 고통 받는 사람, 경제적으로 고통 받는 사람, 친구들과 잘 어울리지 못하는 사람, 부부관계가 원만하지 못한 사람 등 이루 헤아릴 수 없이 많다. 잘 정리하지는 못했을 것 같지만 표 하나 만들었으므로 참고하면 좋겠다.

표. 인간이 겪는 어려움의 종류

<table>
<tr><th>종류</th><th>세부 구분</th><th>설명</th><th>해법</th></tr>
<tr><td rowspan="6">인간적문제</td><td>부부간의 문제</td><td>애정, 성, 금전, 노화…</td><td rowspan="6">• 대화(칭찬-위로)
• 독서
• 배드민턴·테니스
• 음식 만들기
• 주기적 등산</td></tr>
<tr><td>부모 · 자식의 문제</td><td>재산, 건강, 학업, 취업…</td></tr>
<tr><td>사랑에 관련된 문제</td><td>가족, 친척, 이웃…</td></tr>
<tr><td>우정에 관련된 문제</td><td>친구, 선후배, 남녀간…</td></tr>
<tr><td>의리에 관련된 문제</td><td>사업, 일, 취미, 약속…</td></tr>
<tr><td>인간관계의 문제</td><td>공적관계, 사적관계, 왕따…</td></tr>
<tr><td rowspan="6">정신적문제</td><td>막연한 불안감 문제</td><td>불안, 초조, 화, 불안정…</td><td rowspan="6">• 대화(칭찬-격려)
• 휴식여행
• 종교귀의
• 느린 삶 추구
• 태권도 · 격투기</td></tr>
<tr><td>직업관련 스트레스</td><td>업무스트레스, 불만족, 불평등…</td></tr>
<tr><td>성취감 상실의 문제</td><td>성취감 상실, 동기부여결핍…</td></tr>
<tr><td>욕구불만족의 문제</td><td>욕구불만, 자아감상실…</td></tr>
<tr><td>대상 없는 열등감</td><td>개인적 열등의식, 소외감, 열외…</td></tr>
<tr><td>공허함에 따른 문제</td><td>공허감, 무력감…</td></tr>
<tr><td rowspan="6">경제적문제</td><td>급여에 대한 문제</td><td>저소득, 비정규직…</td><td rowspan="6">• 대화(격려-위로)
• 저축
• 절약
• 가난한 삶 추구
• 봉사활동</td></tr>
<tr><td>실업에 대한 문제</td><td>해고, 생계…</td></tr>
<tr><td>직업적성의 문제</td><td>일의 내용, 자격, 기술…</td></tr>
<tr><td>노후의 경제적 문제</td><td>병원비, 생계비, 유흥비…</td></tr>
<tr><td>부모 · 자녀지원 문제</td><td>부모병원비, 자녀학비·결혼비용…</td></tr>
<tr><td>주택구입 문제</td><td>전세, 월세, 임대료…</td></tr>
<tr><td rowspan="6">육체적문제</td><td>생활습관 만성질병</td><td>고혈압, 당뇨, 비만…</td><td rowspan="6">• 대화(격려-위로)
• 운동
• 취미
• 식이치료
• 심리치료</td></tr>
<tr><td>미모/외형</td><td>탈모, 대머리, 주걱턱, 단신, 혹…</td></tr>
<tr><td>정신과적 질병</td><td>공황장애, 조현병, 희귀질환…</td></tr>
<tr><td>정형외과 관련 문제</td><td>의수, 의족…</td></tr>
<tr><td>비뇨생식기 장애</td><td>요실금, 혈액투석…</td></tr>
<tr><td>영구장애 문제</td><td>교통사고, 추락사고…</td></tr>
</table>

이들 인간이 겪는 여러 어려움의 종류 또는 구분 등 어떤 말을 사용했든 간에 기준이 있는 것도 아니고 정확한 것도 아니라는 것이다. 다만 본인이 하늘을 멀뚱거리며 쳐다보다가 역시나 사람인 내가 살면서 이런 고민들이 있었다는 것을 말하고 싶었다는 것이다.

그리고 인간적 문제나 정신적 문제, 경제적 문제, 육체적 문제로 크게 4가지로 구분을 했고, 그 아래에 6가지씩의 세부구분을 또 했다. 읽어보면 알겠지만, 이 또한 본인이 생각하는 단어들을 임의로 선택한 것이며, 간혹 단어는 다를지언정 그 내용에서는 비슷하거나 같을 수도 있다. 그런데 이것들을 생각하다가 또 머릿속에서 생각나는 것들이 아주 많다. 그렇다고 일일이 생각난 것들을 다 열거할 수도 없는 것이고, 그래서 그냥 공식처럼 처음 정한 대로 구분하고 끝낸다. 세상에 사람들이 한세상을 사는데, 참 문제점들이 많다. 대충 여러분들의 생각을 떠올리며 참고하면서 훑어보면 되겠다.

설명 부분도 세부구분과 잘 맞아떨어지는지는 잘 모르겠으나, 살면서 경험하거나 주변에서 있었던 일들을 보고, 듣고 한 것들이다. 이 또한 잘 예시가 된 것인지 모르겠으나, 여기의 내용을 보고 여러분들이 가지고 있는 경험이나 생각을 비교하면서 실제 어떤가를 생각하시기를 바란다.

사람들이 생각하는 문제를 크게 4가지 어려움의 종류라고 했고, 그 각각에 대해서 6가지 세부내용으로 구분하여 4×6 = 24

가지나 나열한 셈이다. 거기에 해법이라고는 읽어봐서 알겠지만, 너무 평범한 것들이다. 대화나 독서, 여행, 운동, 취미생활 공유 등 누구나 다 알고 있는 너무나 평이(平易)한 내용들이다. 그런데 여러분들이 살면서 항상 문제가 되었던 것이 무엇인가를 생각해 볼 필요가 있다. 문제는 무척 어려운 게 아니라 평범한 것과 반복되는 것에서 생겼다는 것을 알 수 있을 것이다.

해법도 그런 것이라고 하고 싶다. 여러분들이 다 알고 있기도 하고 또 평범하기도 한 것이라는 것을 말이다. 그런데 해법의 내용을 보면 혼자 할 수 있는 것들이기 때문에, 혼자 하게 내버려 두는 경우도 있겠지만 그것보다는 귀찮게 하고, 거기에다가 간섭을 하는 것같이 하면 아마 더 좋은 결과를 기대할 수 있을지도 모른다.

사람들은 어떤 행동을 할 때, 혼자서 하는 것을 좋아한다고 하지만, 실제로는 누군가의 귀찮은 간섭을 그리워하는 지도 모른다. 아니 대부분의 사람은 그렇지 않은 척을 하는 것이지 실제로는 간섭-관심(干涉-關心)을 같은 것으로 생각하고 있음에 틀림없을 것 같다. 이런 예로 "우는 것을 모르는 아빠가 아니고, 울지 않는 아빠가 될 수밖에 없고, 울지 않는 아빠가 아니라, 울지 못하는 아빠인 경우가 많고, 울지 못하는 아빠가 아니라, 울 수 없는 아빠인 경우가 대부분" 일 것이기 때문이다.

내 생각에는 3단의 단계를 만들어, 아주 멋있는 말이 될 거라고 썼는데, 혹시 그런지? 아니면 뭔 말인지 도대체 모르겠다는 표정인지? 나도 쓰고 나서 한 번 읽어보았다. 위에서 "이런 예로"라고 했는데, 아닌 것 같다. 그래도 멋있어 보이니 지우지 말자고 생각한다. 그러면서 다시 한 번 뭔 말인지 생각해본다. 나도 모른다. 그러나 너는 알 수도 있다. 혹시 너는 알겠느냐? 아는 체하면 좋고, 너도 모르겠으면 어디로든 넘어가자. 훨훨.

앞에서 말한 해법이 여러 가지가 제시되어 있는데, 단 하나의 해법이 있을 수 있는가 이다. 위 모든 내용이 대부분 문제라고 했는데, 문제를 누군가가 냈다면 답을 이미 알고 있으면서 문제를 냈을 거다. 본인이 답을 모르면서 문제를 냈다는 것은 어불성설이다. 정확히는 모르겠지만 "페르마의 마지막 정리(Fermat's Last Theorem)"라고 하는 문제에서, 실제로 페르마(Pierre de Fermat, 1601~1665)는 답은 알고 있는데 여백이 없어서 알려줄 수 없다고 했다는데, 답 그러니까 증명하는 법을 알고 있다고 했는데, 진짜로 알고 있었는지 그 사실을 모르겠다는 것이다.

이왕 페르마 문제가 나왔으니 몇 줄 더 할애하자. 그러니까 피타고라스(Pythagoras, B.C. 572~492)의 직각삼각형 문제는 초등학교 고학년인가 중학교인가에서부터 배웠으니 비교적 잘 알 것이다. 빗변(c) 제곱은 나머지 두 변(a, b)의 제곱의 합과 같다는 것이다. 즉 $a^2+b^2=c^2$이다. 이 예는 $a=1, b=1, c=\sqrt{2}$ 일 때도 성립하고, $a=3$, $b=4$, $c=5$인 경우에도 성립한다. 아주 쉽다. 그런데 이 정리는 아인슈타인의 상대성이론을 증명하는 데에도 필요한 식이다. 단순히 쉽다고만 이해할 일이 아니고, 그 활용을 잘 알아야 진정한 실력자이다.

이 사실을 잘 알고 있는 상태에서, 페르마의 문제는 n≧3(n은 정수)일 때, $x^n+y^n=z^n$를 만족하는 정수해 x, y, z는 없다는 것이다. 가령 $x=\frac{1}{2}$, $y=\frac{1}{2}$, $z=\frac{1}{\sqrt[3]{4}}$인 경우 성립하나 정수해는 아닌 것이다. 정수해가 아닌 해는 어쩌면 무한대로 많을지 모른다. 아주 간단히 또 다른 예를 만들 수도 있다. 가령 $x=\frac{1}{3}$, $y=\frac{1}{3}$, $z=\frac{\sqrt[3]{2}}{\sqrt[3]{27}}$도 해 이기는 하지만 정수해가 아닐 뿐이고, $x=\frac{1}{4}$, $y=\frac{1}{4}$, $z=\frac{1}{\sqrt[3]{32}}$ 도 해 이나, 정수해는 아니다. 거의 무한대로 만들 수 있다. 그리고 만들기도 쉽다.

실제로 증명법을 알고 있었는지 아니면 모르면서 그렇게 이야기를 했는지. 여하튼 330여 년 후인 1995년에 와일스(Andrew Wiles, 1953~)가 근 10여 년의 연구 끝에 그 사실을 증명했다. 결론적으로 답이 있다는 것을 말하려고 하는 것이다.

와일스의 증명이 어떤 것인지 정말 하나도 모른다. 그만큼 어려운 내용이다. 대략 대학노트로 얼마인지 모르지만 많은 분량이 필요했고, 최고 수준의 수학이 동원되고 했다고 하는 정도이지 그 이상에 대해서는 모른다. 그러니 내가 하나도 모른다고 하는 말이 거짓이 아니라는 것은 확실하다. 아마 주변에서 나도 모르는데 라고 할 사람들이 태반 일게다.

빙 돌아도 너무 돌았다고 생각하고 일단 궁금해할 해법을 말해 보자. 그것은 오로지 대화(對話)이다. 각 구분별로, 각 문제별로 서로 다른 해법 또는 해답이라고 하더라도 아주 많이 있다. 그런데 모든 문제에 대한 모든 것의 답은 대화이다. 오직 대화이다. 대화의 내용은 칭찬-격려-위로(稱讚-激勵-慰勞) 등 서로 의미나 내용이 미묘하게 차이가 난다느니 등 다를 수 있지만 결론은 대화이다. 이게 말이 되나 하고 의심이 있을 수 있다. 몇 마디 주고받는다고 모든 문제의 해답이라고 하니. 뭐라고 해도 좋다. 그래도 오직 유일한 답은 대화이다. 이 말이 아마도 꼭 하고 싶었던 것이리라. 누가? 내가.

사람들의 어려움을 해결하기 위해서는 사람들마다 인지상정의 마음가짐을 갖는 것인데, 그 인지상정의 최고 수준은 눈으로 봐주는 것 - 귀로 들어주는 것 - 마음속으로 동의해 주는 것이 필요하다. 그러면서 십시일반이란 단어도 쓰게 되었는데, 물론 이 단어 십시일반은 경제적 도움을 생각하고 하는 말이겠으나 꼭 그런 것만은 아니다. 무엇이든지 나눌 수 있는 것을 나누면 된다는 생각이다.

지금 나에게 시간적인 여유가 있을 때, 누군가가 하고 싶은 말이 있다고 하면 들어주면 된다. 또한 내게 작은 재능이 있는데, 그 작은 재능을 필요로 한다면, 재능기부를 하면 된다. 재능을 가진 자와 재능을 필요로 하는 자가 연결되기가 쉽지 않아서, 재능을 기부하고 싶은 사람도 재능을 기부받을 사람도 연결 방법이 없는 것이 문제이기는 하나 서로 찾아야 할 문제이다. 서로 기를 쓰고 찾다 보면, 분명 그들은 서로 만나게 될 것이고, 만나서 도울 수 있고-도움을 받을 수 있게 될 것이다.

그런데 왜 허례허식(虛禮虛飾)에 대한 단어가 나왔을까 궁금해할 것이다. 쉽게 말하자면, 소비를 하는데 적정 소비를 하는 것이 아니라 과소비를 한다는 의미이다. 우리가 소비하면 유형물에 대한 금전적 소비가 머릿속에 떠오르겠지만 꼭 그것만이 다는 아니다. 어떤 것에 집중하거나 몰두하면서 정신적 소비를 하는 것도 역시 소비이다. 그래도 쉽게 이해되는 것은 금전적 물질적 소비를 말하는 것이 될 것이다.

사람들이 생활하면서 각각의 특성에 맞는 예가 매우 많다고 했다. 예에는 마음을 다하는 것도 있지만 금전적인 지출인 경우도 많다. 각각의 적정 금액이 있는데, 그것보다 과하게 지출을 한다면 문제가 된다. 최근에 허례허식의 대표적인 현상이 젊은 남녀들의 과도한 혼인 관련 비용이다. 그와 유사한 것이 장례에서의 허례허식도 생각해 볼 문제이다.

그 현상 그러니까 인생에서 한 번뿐인 결혼식을 마음먹은 데로 치르겠다고 하는 것을 생각해보면 이해하지 못할 것은 아니지만, 그렇다고 긴 삶에서 한 번의 행복이 비교적 긴 행복과는 아무 상관이 없다고 할 수는 없지만, 상대적으로 상관이 적다. 결론적이지만 그것이 눈물의 씨앗, 후회의 시작이 될 수도 있다고 볼 수도 있는데, 결혼을 준비하는 과정에서 젊은 한 쌍이 그것을 생각하기가 쉽지 않다. 아니 직접화법으로 말하자면, 매우 어렵다.

이것은 하나의 예이고, 왜 이 허례허식을 들먹였는가 하면 결국 인지상정의 활동, 그러니까 마음에서 우러나온 좋은 의미의 활동을 하고자 하는데, 허례허식은 거기에 쓸 마음과 경제적 자산을 소진(消盡) 시키는 것이기 때문이다. 내가 인지상정을 느끼기는 하는데, 나눌 마음의 여유가 줄어들고, 가지고 있는 돈이 적으면, 느끼기만 할 뿐 행동으로 선뜻 나서기가 어렵게 된다. 반드시 나의 문제가 아니라 타인의 그런 행위에 삼자인 나도 상대적으로 그렇게 느끼게 되는 점도 문제가 된다.

이 현상은 현재 직장인들이 직장에서 여러 경쟁과 과도한 업무로 몸도 마음도 지쳤다고 흔히 말하는 소진증후군(消盡症候群, burn out syndrom)을 겪게 된다. 이런 상태에서 자신의 삶도 어렵고 지쳐있는데 타인의 삶을 생각할 여지가 있을 수 있는지 궁금하다. 소진증후군을 직접 경험하지 못해 그 상황이 어떤 정도인지를 생생하게 말할 수는 없다. 그러나 주변의 직장인이나 심지어 학생을 보게 되더라도 힘들어 보인다고 생각된다. 최소한 이런 정도가 된다면 직접적인 경험을 말하지 않는다고 해도 소진증후군 현상으로 생각해 볼 수는 있을 것이다.

그렇다고 산속에서 생활하는 스님처럼 이 세상을 살라고 할 수도 없고, 그럴 필요도 없다. 너무 흔하게 접할 수 있는 음주가무가 쉬운 나라에 살면서 그런 것들을 재미있다고 느끼지 못하고, 즐기지도 못하면 이것도 큰 문제다. 이들은 오히려 반대로 아픔도 모르게 된다. 그러면 남을 위해서 할 수 있는 게 하나도 없는 게 문제가 아니라 본인 자신의 문제가 더 커 보일 수 있다.

특별한 주장이 있는 것도 아니고 그렇다고 명쾌하게 잘 정리된 내용도 없다. 게다가 페르마 정리라는 것을 집어넣어 재미도 잃었을지 모른다. 예전 어떤 수학 관련 책에서 읽은 기억이 있다. 책 속에 수식이 하나 늘면, 독자인지 판매 부수인지 하기야 그게 그것일 수 있는 내용이지만, 부쩍부쩍 줄어든다고 하던 말 말이다. 그리고 뭔가 간절하게 전달하려고 한 것도 없다. 초반에 말한 것처럼 거창하게 시작을 하더니 내용이 하나도 없는 꼴 그러니까 용머리에 뱀 꼬리 격인 용두사미(龍頭蛇尾) 격의 글이 된 것 같다. 그래서 한 번 말했다. 천학비재(淺學菲才) 하다고. 그런 내가 자꾸 글을 쓰고 이러면 안 되는 것 아닌가 하고 생각한다.

결론이라고 할 수는 없겠지만, 이 세상에 한 사람으로 존재하면서, 전 생애 기간 동안 스스로 모든 것에 잘 조화롭게 살 수 있는 중심을 갖는 게 중요하리라고 본다. 이 한 문장에 생애-조화-중심(生涯-調和-中心) 이런 단어들이 들어가 있다. 참 좋은 단어들이다. 어느 분야이던 이 단어를 잘 알고 있는 초절정의 고수에게, 이 단어들을 좀 쉽게 이해할 수 있게 풀어달라고 한다면 그들은 어떤 말을 해 줄지 모른다. 그 고수의 답변이 어떻게 했을지는 몰라도, 내 생각에는 지나가는 시골 할머니가 장터에서 하는 이야기와 큰 차이는 없을 것이라고 생각한다.

사람들이 살면서, 사람으로 사는데, 어떤 문제가 생기고 그리고 그것에 대해 해결책이 생기는 것도 아니면 해결책이 생기지 않아 어려움을 겪는 것도 다 사람 사는 것이기 때문에 있을 수 있는 일이라고 생각한다. 해결책이 있으면 행복의 시작으로 여기면 되고, 해결책이 없으면 인지상정을 통해 또는 십시일반의 정신으로 헤쳐나가면 되고, 그래서 행복이 조금 늦게 찾아온다고 생각하면 된다.

또한 살다가 보면 누군가는 이와 동떨어져 특별히 다른 사람처럼 살려고 그러니까 폼을 잡아봐야겠다는 허례나 허식에 빠진 사람이 있으면, 그래서 쓸데없다고 하기보다는 지나치게 많은 것을 소진하고 있다는 안타까움으로 보아주며, 그는 시간이 좀 더 많이 필요하겠다는 생각으로 기다리면 될 일인 것 같다. 어쩌면 행복이 더 늦게 찾아올 수도 있겠구나, 이렇게 생각할 수 있겠다. 끝.

빈 칸 8 : 추억 또는 한마디, 쓰고 싶은 것 쓰기.

1.

2.

3.

4.

시간 때우기

02-10-0022

/

2018. 07. 04(수)

이 글에 사용된 단어들

#승자의 저주
#3과1포
#재산-권력-명예
#상대적 빈곤감
#실리콘 밸리-엔젤

오늘은 승자(勝者)의 저주(詛呪, 咀呪)에 대한 것입니다. 우선 승자입니다. 승자는 이긴 사람입니다. 예전처럼 권력을 쟁취하거나 땅을 넓히거나 하기 위해 기본적으로 사람을 죽여서 승리하는 것도 승자를 지칭하지만 현재의 개념은 아닙니다. 물론 체육대회에서 이긴 사람을 승자라기도 하고 정치에서 선거를 통해 당선된 자를 승자로 표현하기도 합니다. 다른 여러 분야에도 이긴 사람을 나타내는 표현이 있고, 심지어 진 것이 이긴 것이라고 하는 말도 안 되는 말도 있습니다.

그런데 진 게 이긴 것이라는 말이, 말도 안 되는 것은 아닌 것 같습니다. 가족들 그중에서 부부싸움을 하는데, 부부 둘 중 꼭 누군가가 이겨야 이겼다고 할 수도 없는 것이고 그것은 자식들에게 적용해도 비슷하게 들어맞는 말일 것 같습니다. 자식들이 굳이 나쁜 짓은 아니지만, 마음에 안 든다고 했을 때, 반대를 하기는 하지만 결국은 잘 되는 길을 모색하다가 부딪치는 의견의 충돌이고 결국은 어떻게 결론이 나든 간에 이긴 게 이긴 게 아니고 또 반대로 진 게 완전히 진 것도 아닐 겁니다.

그렇지만 승자를 생각하는 현대의 개념은 경제적인 것입니다. 다른 많은 것들에 앞서 경제적인 것을 짚고 싶은 것은 다른 종류의 승자가 이제는 모두 경제적 승자에게 수렴되어 가는 사회현상 때문이 아닌가 싶습니다. 사람들은 가끔 어떤 일에 대해서 자존심을 말하지만, 돈에 대해서는 자존심을 말하는 사람들이 사라졌습니다. 아주 없는 게 아니라 어딘가에는 있겠지만,

여러분들이 지나가다가 누군지 찾을 수 있거나 알아볼 수 있겠습니까?

돈을 소유하는 것은 일종의 욕심인데, 욕심을 버린 인물들, 물론 내가 알고 있는 분들에 대해서이고, 그리고 잘 알지는 못하지만 그래도 최근까지 많은 사람들의 입에 회자(膾炙) 된 분들, 그분들의 이름이나 한 번 불러 보고 싶은 마음입니다. 김구 선생님! 안중근 의사님! 양주동 박사님! 조지훈 교수님! 함석헌님! 성철 스님! 김수환 추기경님! 법정 스님! 막 불러도 하나도 이상할 것이 없지만, 갑작스러운 기억의 한계로 더 불러 드리지 못한 분들이 가슴에 남습니다. 세종대왕님이나 충무공 이순신 장군님도 계신데, 저 인간이 그럼 그렇지 하고, 그러려니 이해해 주시기를 바랄 뿐입니다.

이제는 이 세상의 짐을 모두 놓아두고 훌훌 떠나셨으려나, 아니면 찜찜한 마음 어디 남겨 두셨으려나, 이런저런 궁리를 해보지만 그 큰 뜻이나 깊은 뜻을 어떻게 알겠습니까마는, 하기사 나 하나 간수하기도 힘드니 삼과일포(三果一脯) 그러니까 과일 3가지에 북어포(北魚脯) 하나 놓고 절 한번 한 적 없이 입만 나불거립니다. 무슨 용서를 어떻게 빌어야 하는지도 모르겠습니다. 명계(冥界)에서의 모든 복, 만복(萬福)을 누리시기를 빌겠습니다.

저(詛 , 저 주할 저; 咀, 씹을 저) 와 주(呪, 빌 주)를 쓰는 저주의 뜻은 다른 사람들이 불행이 생기기를 빌거나 바라는 것인데,

이런 사람이 있을까요? 옛날 조선 시대 연속극에서나 나올 법한 이야기입니다. 그러나 저주는 오늘 여기에서 말하려는 저주는 남이 타인의 불행을 말하는 그런 저주를 말하려고 하는 게 아니다. 요즈음에 말하는 저주는 자기 자신의 지나친 욕심 그러니까 일시적 승리에 도취해서 지나치게 과신하거나 잘 못 된 판단에 따른 몰락이 대부분이다.

승자 즉 이긴 사람은 권력, 명예, 부 이 세 가지 중에 하나 이상을 일반적으로 비슷한 정도로 가지고 있는 게 아니라 월등하게 많이 가지고 있는 사람입니다. 그런데 요즘은 부 그러니까 돈으로 통일되어 가고 있는 느낌이 듭니다. 돈이 많다는 것은 생활하는 데 편한 것임에는 틀림없지만 그게 전부는 아니고, 실제로 아니어야 하는데, 이 말도 요즘에는 자꾸 틀려가고 있습니다.

돈이 전부인 것으로 되어가고 있습니다. 돈을 통제하는 것이 권력과 명예였었는데, 명예가 돈을 통제하는 시기는 이미 일찍 지나갔고, 이제는 권력마저도 돈의 충실한 하수인으로 전락했다고 보여 집니다. 한 예로 대기업의 돈이 국가 권력인 정부의 통제를 속이고, 변명하고, 감추고 별별 짓을 다 합니다. 그래서 국가권력은 말 그대로 검찰 세금 공정거래 노동 등 여러 권력을 동원하여 감시하고 별별 짓을 다 하는데도 잘 안 됩니다.

법전에는 모든 것을 다 규정할 수 없습니다. 그리고 다 규정해도 문장과 일치하는 죄는 없습니다. 설사 그렇다고 해도 법전은 누구나 읽어보면 알 수 있음에도, 몇몇 소수의 자기들끼리만 아는 것으로 하고 검찰 변호 판결을 합니다. 그러니 일반 국민들이 생각했을 때 뭐가 되겠습니까. 그렇다고 그들은 안되는 게 뭐가 있습니까라고 생각합니다.

승자의 저주라는 말은 실제로 있습니다. 승자가 저주를 받기 전에 일반적으로는 승자 독식을 먼저 경험하게 될 겁니다. 승자의 입장에서 가만히 생각하니 이것도 내 것이고 저것도 내 것이라고 해도 아무도 뭐라고 하지를 못 하다가 그다음에는 그마저도 안 합니다. 그게 저주를 만든다는 생각도 안 하겠지요. 그렇습니다.

그런데 저주는 다른 사람에 의해 오는 것이 아니라 스스로에 의해서 만들어집니다. 어떻게 만들어질까를 생각해 봤는데, 아래와 같이 되지 않을까 생각해 봅니다. 물론 예방 방법도 제시를 했습니다. 여기에서 한 번 더 생각해 볼 것은, 어떤 기준을 가지고 만든 것이 아니기 때문에 실제로 그렇다고 하는 게 아닙니다. 그러니 예방 방법도 실질적인 해결책이라고 할 수 없을지도 모릅니다.

그러나 한두 해를 살아온 것이 아니라 여태껏 살아오면서 직접 경험한 것, 눈으로 본 것, 타인의 이야기를 들은 것, 뉴스를 통해 알게 된 것 그리고 상상해서 그럴 것이라고 생각되는 것까지 모두 모아 정리를 하다 보니 결론적으로 그럴 수 있겠다는 생각이 거꾸로 든다는 것입니다.

승자의 저주

승자의 몰두 성향	성향에 따른 저주의 진행	예방 방법
재미 (fun)	① 무료(無聊) → 음주가무 → 성문제 발생 ② 골프 → 내기골프 → 상습도박 ③ 해외여행 → 음주가무, 도박, 내기골프 → 성문제, 상습도박	① 붓글씨 시작 ② 다도 시작 ③ 여러 운동 가입
관계 (relation)	① 자식의 학업실력 → 인맥과 금권을 동원한 부당·편법 입학 → 불법입학 확인 ② 자식의 군 입대 → 질병을 가장한 군 면제 청탁 → 청탁사실의 폭로 ③ 자식의 주거지문제 → 편법 상속 → 불법상속 적발	① 인생관 점검 ② 애국심 고취 ③ 개성의 존중
명예 (position)	① 소수의 모임 결성 → 임원욕심에 편 가르기 → 불화설 유발 ② 현 상황에 불만족 → 금전수수, 권력옹호 등의 시도 → 무리한 상황임이 밝혀짐 ③ 박사학위 욕심 → 대필 작성 등의 유혹 → 허위사실 발각	① 이웃 돌봄 시작 ② 전문봉사활동 ③ 사서삼경 시작
권력 (power)	① 지역 유지 행세 → 권력자에게 금전적 지원 등 기여 → 부적절한 관계 확인 ② 권력과 친밀한 환경 조성 → 권력기관 등의 사칭 → 권력기관과 관계없음 확인 ③ 권력자로 행세 → 거짓과 폭력을 행사 → 거짓사실 밝혀짐과 구속	① 약자들을 생각 ② 선량한 시민생각 ③ 진실성을 추구
부 (money)	① 전·월세인상 → 세입자와의 갈등 → 법적 분쟁 야기 ② 동산·부동산 투자 → 일확천금에의 유혹 → 사기, 파산 ③ 소유하는 부 이상의 대규모 신규투자 → 원리금 채무관계이행 곤란 → 파산, 도피, 자살	① 행복의 정의 생각 ② 기부금 출연 ③ 장학재단 설립

무료(無聊)에서 무(無, 없을 무; 없다, 말라)와 료(聊, 애오라지 로/요, 귀 울 로/요; 애오라지, 귀가 울다(耳鳴), 의지하다, 편안하다, 힘입다, 즐기다) 자를 쓰고, 그 뜻은 ① 탐탁하게 어울리는 맛이 없음, ② 조금 부끄러운 생각이 있음, ③ 지루하고 심심함의 뜻을 가지고 있습니다. 또한 '애오라지'라는 단어도 새로

운데 '부족하나마 그대로'의 뜻이라고 합니다.

성공한 사람인 승자가 하루하루 살면서, 사는 게 재미가 없다는 것 그래서 하루하루가 심심하다는 것은 도저히 스스로 이해 못 할 현상인 것이다. 그런데 돈만 많지 그가 할 수 있는 게 없다면 오히려 당연한 현상이 아닌가? 그래서 그들이 하는 것 중에 제일 쉬운 것 중에 하나가 대낮에 술 마시는 것에서 시작하여 온 밤을 음주가무로 헤매는 것과 골프채 달랑 매고 잔디밭을 방황하는 것 그러다 맥주 마시고 별 필요도 없는 돈을 서로 내기하는 것이 심심함을 달래는 초기를 벗어난 중기 즈음의 현상이 아닐까 한다.

돈을 많이 번 사람들이 심심해서 생각하는 말기의 생각은 무엇일까를 곰곰이 생각해 보려고 했으나, 워낙 경험해보지 않아서 모르기는 해도, 오래되었으나 요즘 새로 문제가 되고 있는 장모 연예인 죽게 만들기 같은 것은 아니기를 바랍니다. 그리고 2015년 영화 '베테랑' 같은 것이 아닌지도 모르겠습니다. 아마 이렇게까지 안 해도 죽어 나가는 사람들이 생길 겁니다. 그게 돈이 할 수 있는 위력이니까요. 이 위력을 모르는 사람이 의외로 많습니다.

관계(關係). 참 좋은 말입니다. 혼자서 섬에 살지 않는 한 누군가와의 관계 속에서 살아가야 합니다. 그런데 좋은 점을 말하다가는 한도 끝도 없을 게 분명하기에 다른 점 그러니까 관계 또한 많은 문제점을 가지고 있다는 말을 합니다. 관계 자체의 문제보다 관계를 이용한 이득을 보려는 마음 작용 때문일 것입니다.

관계는 부탁이라는 형태로 문제를 만들게 될 텐데, 사적인 이익과 관계된 것이라면 부탁을 하면 안 되겠다는 생각도 필요하고, 부탁을 들어줘도 안 되겠다는 생각도 필요합니다. 특히 공직자의 경우가 더 문제가 됩니다. 왜냐하면 국민이 위임한 일을 하는 사람들은 본인 역시 공직자이기도 하지만 국민입니다. 그러니 공평(公平)하고 정직(正直)해야 합니다.

나이가 어느 정도 되다 보니 병원을 다닙니다. 이때 병원 관계자와 아무런 관계가 없으니 마냥 기다립니다. 그렇다면 병원 관계자와 어떤 관련이 있다면 마냥 기다릴 필요가 없다는 말이 될까요. 아닙니다. 정말 급하면 응급실도 있고, 응급차도 있어서 죽기 전에 조치를 취할 수 있습니다. 일부 돈 많은 사람은 돈으로 때우면서 특실이니 등 특권적으로 의료를 이용하겠지요. 그것도 어쩔 수 없이 보고 참고 기다리고 그리고 짧은 시간이라도 치료받고 살아야 합니다.

명예(名譽). 이 또한 참 좋은 말입니다. 명예는 원래 공부하는 사람들 그러니까 대학교수나 학자들에게 권위도 있다고 인정해 주고, 존경이나 존중 등 나름 상당히 인간적인 대접을 많이 해준 것입니다. 명예를 가진 사람들도 그것을 지키기 위해 경제적으로 풍족하지는 못하더라도 나름 불편하지 않은 정도의 대접을 생각하며 열심히 살았다고 보입니다. 사회에서도 누군가 합의해 준 것은 아니지만, 암묵적으로 그렇게 받아들였습니다.

이 부류의 사람들은 학자 말고도 군인이나 종교인들도 속한다고 볼 수 있는데, 종교인은 더 가난하나 더 많은 사람들의 행복을 위해 봉사하는 사람들이기에 그랬고, 군인들은 더 위험하나 국민의 생명과 재산을 지키기 위해 봉사하기 때문에 그러게 생각한 게 아닐까 생각합니다. 물론 경제인도 예술인도 어느 누구를 막론하고 모두 같은 생각을 하고 있으며, 사실 많은 이들이 자신의 소임(所任)과 소신(所信)에 따라 그렇게 열심히 살 것입니다.

시골 지역에 저녁녘 즈음에 길을 가다 보면 개가 짖습니다. 한 마리가 짖으면 동네 개가 모두 함께 짖습니다. 개가 짖는다는 것은 구폐(狗吠)라고 하겠지요. 요즘 사회가 다 개 짖는 소리로 넘쳐납니다. 명예. 이런 것 개나 주려고 합니다. 왜 그럴까요. 돈 때문에 그렇다고 하거나 그렇지 않다고 하더라도, 자존심(自尊心)이 아니라 자존감(自尊感)이 없어져서 그렇지요. 또 하나는 창피(猖披)한 것을 모르는 것도 한 이유가 될 겁니다. 창(猖) 자가 '미쳐 날뛸 창'이라네요. 피(披) 자는 '헤칠 피'입니다. 창(裮) 자는 '창피할 창'자인데, 이것을 안 쓰고 '미쳐 날뛸 창'자를 쓰네요.

요사이는 찢어진 청바지를 일부러 사서 입습니다. 어떤 사람은 예쁘거나 귀엽거나 그렇고 어떤 사람은 왜 그랬을까 하기도 하고 어떤 사람은 저거 뭐야라고 하기도 합니다. 아마 나이, 성별, 장소 등 이런 것을 순간적으로 생각하면서 그렇게 생각할 것 같습니다. 어떤 경우든 그것을 누가 뭐라고 하지도 않습니다. 요즘에는 아마 모양 복장 행동 등 이런 것에 대해서 자연스러워진 감도 있습니다. 그런데 뭐라고 하지 않는 것만이 문제가 아니라 그 사람 자체에 대해 아무런 관심을 안 가집니다.

반대로 생각해보면, 내가 인간인데, 내가 살고 싶은 방식대로 사는데, 그런데 왜 인간끼리 관심을 갖지 않을까? 이런 생각을 해 보면 안 될까요. 나는 나대로 살고, 너는 너대로 살고. 그런데 그사이에 우리-서로가 있을 수 있을까요. 이것마저도 마음대로 생각하는 것이겠지요. 이게 맞는 예가 되는 것인지 잘 모르겠습니다.

내가 자유롭게 살고 싶어 하는 것이 나빠야 할 이유는 하나도 없습니다. 남도 자유롭게 살고 싶어서 어떻게든 그가 살고 싶은 방식으로 사는 것은 뭐라고 이야기할 이유가 하나도 없습니다. 그러면 문제가 하나도 없는 것으로 결론이 나야 하겠지요. 그런데 이렇게 살면서 재미를 찾는다는 것이 혹시 쉬운 일이 될까 하고 생각해 봅니다. 아닐 것 같다. 아무리 생각해도 아닐 것 같다. 이런 생각 들지 않을까요.

권력(權力). 위험성이 가장 크지만, 그 반면에 가장 유혹도 크고 매력적일 수도 있는 것입니다. 그런데 이것에 딱 맞을 것 같은 성어가 '권불십년 화무십일홍(權不十年 花無十日紅)'이 아닐까 생각합니다. 권력이라는 게 10년 가기 어렵고, 꽃도 열흘 동안 붉기 어렵다. 지금 우리는 전직이라는 사람들의 모습을 티브이를 통해서 생생히 마주하고 있기 때문에 이것은 잘 이해가 갈 것입니다.

이게 문제는 이해가 가는데도 다시 빠져들어 가다는 점입니다. 거의 중독같이 되는 경우이지요. 권력을 갖고 싶으면 가장 중요한 것이 자신에 대한 스스로의 평가가 제일 중요합니다. 내가 권력을 가질 자격(資格)이나 자질(資質)을 충분히 가지고 있는가? 내가 권력을 갖게 되면 공명정대(公明正大)하게 잘 사용할 수 있을까? 내가 권력을 이용할 때, 많은 사람들에게 좋은 혜택이 돌아가게 할 수 있을까? 이 세 가지에 대해서 양심고백(良心告白) 하듯이 여러 번 자기 자신에게 물어보고 난 후에 스스로 그럴 수 있다고 결정을 했다면, 그 사람은 어떻든 잘할 수 있는 사람일 겁니다.

그런데 현재 많은 권력자들은 자문자답(自問自答)을 안 해보고, 권력욕(權力慾)이라는 개인적인 욕심(慾心)에 눈이 먼 사람들일 뿐입니다. 한마디로 약간 저질(低質)인 사람들이 되어가겠지요. 그러면서 우리가 사는 사회를 저질화시키겠지요. 한마디로 참 우스운 사람들이 사는 우스운 사회가 되겠지요.

부(富). 재산(財産). 돈. 거의 동의어로 쓰일 수 있는 단어들입니다. 살다 보니 돈이 있다는 것이 얼마나 편한지를 알겠습니다. 그러면 없다면 죽을 것 같은가요. 괜찮습니다. 불편하던가요. 불편하지요. 그것도 생각보다 많이 불편한 것을 알고 있습니다. 그러면 어느 정도인가요? 그런데 또다시 생각해보면 꼭 그렇지도 않습니다. 사람마다 어느 한순간이라는 게 있습니다. 그때 꼭 해보고 싶은 것, 꼭 먹고 싶은 것 등 종류도 많고, 횟수도 많습니다. 그러나 매번 넘어갈 수 있습니다. 매번 불우이웃을 돕고 싶은데 그러지 못합니다. 그래도 간혹 합니다. 그러면 됩니다. 무엇인가 하고 싶은 것도 그 순간을 벗어나면 그러게 강렬하지가 않습니다.

그렇다고 돈이 많은 사람이 불우이웃 돕기를 생각날 때마다 할까요. 그 사람들은 돕기를 하는 것은 문제가 아닐 수 있는데, 그 생각, 불우이웃을 도와야 한다는 생각을 못 하기 때문에, 어차피 마찬가지입니다. 또 하나는 일반인들이 생각하는 가난에 대해서 그들이 생각하는 부는 상대적으로 훨씬 적은 재산을 가지고 있다는 강박감(强迫感) 그러니까 상대적 빈곤감(相對的 貧困感)을 갖고 있기 때문에 항상 투기(投機)나 투기 형태의 투자를 해야 합니다.

이런 별 가치 없는 이야기는 밤을 새워서 하더라도 계속할 수 있습니다. 그러나 가치는 실제로 어딘가에 숨어있는 게 아니라 스스로 가치 있는 것으로 만들어야 하는 것입니다. 여러 유형의 승자의 저주에 대해서 이상하게 이야기를 한 것 같고, 그에 대한 예방책이라는 것도 어쩌면 터무니없다고 앞에서도 이야기를 했습니다.

사실 승자의 저주가 경제학에서 쓰인 사례는 이런 의미가 아닙니다. 승자의 저주란 대자본가가 대규모 투자를 해서 그것 때문에 부채 등으로 결국 망하는 경우를 말하는 경우가 많습니다. 대표적인 것이 건물 신축과 관련해서 그런 경우가 많습니다. 가령 어느 회사가 많은 수익을 내서 현금이나 현금성 자산을 많이 가지고 있다고 합시다.

그런데 그 회사의 오너가 새로운 욕심 그러니까 우리 회사의 상징적인 건물을 건축하고 싶은 욕심에 빠지게 됩니다. 랜드마크라고 하는 것이지요. 그래서 멋있는 투자 계획안을 만들고, 착착 집행을 하기 시작합니다. 현금이 많았다고 해도 건축비는 턱없이 모자라고 결국 대출을 시작하고 우여곡절 끝에 건물을 완공합니다. 그리고 성대하게 개업식을 하게 됩니다.

문제는 상징적인 건물의 크기는 임대에 의해 수익을 내면서 운영이 되어야 하나, 경기가 조금만 나빠도 수익은 급격히 줄고 이자 비용은 생각보다 빠르게 증가해서 결국은 감당하지 못하는 경우를 맞게 됩니다. 감당하지 못한다는 이야기는 간단히 손해를 본다는 것이 아니고 또 그 신축한 건물만 잃게 되는 경우도 아닙니다. 그가 이룬 부 모두가 사라질 수 있는 파국적인 경우가 됩니다. 그러니까 승자의 저주라는 말이 되겠지요.

이게 일반적인데 우리나라에서는 가끔 보면 승자의 저주급 투자를 해서 망하지도 않고, 망했다고 하더라도, 부자가 망해도 3대는 간다고 하듯이 잘 버텨나가는 경우가 있기는 하지만, 여하튼 저주가 되는 것은 맞습니다. 그러니까 개인적인 욕심을 앞세우거나 아니면 정교한 계획 없이 이런 무모한 투자를 하는 것은 개인은 물론이고 사회 전반 또는 국가 전체에도 악영향을 끼칠 수 있다고 보입니다.

그런데 이런 무모한 생각은 20대나 30대에서는 충분히 가능하고 또 도전해야 합니다. 왜냐하면 이 연령대에서의 투자금은 물론 그들이 생각할 때 많겠지만, 그렇게 많지 않을 것이고 만에 하나 실패를 한다고 해도 재기할 시간이 있기 때문입니다. 정부에서도 실패한 사람들을 재기할 수 있는 프로그램이 있어야 하는데, 현재는 좋은 프로그램이 있는 것까지는 아닌 것 같습니다.

이에 대해서는 모범적인 것이 미국 캘리포니아주 샌프란시스코 남동부 실리콘 밸리(Silicon Valley)의 에인절(angel investor)들이 투자해서 새로운 기업을 키우는 것이 바람직해 보이지만, 우리나라의 경우 아직 부동산 투기에 비해 수익이 좋아 보이지 않는 것 같습니다. 어떻게 알 수 있느냐면, 아주 간단하게 알 수 있습니다. 노련한 투기꾼들이 건전한 투자자들이 되지를 않으니까요.

많은 이야기를 했습니다. 좋은 말이 하나라도 있었으면 바라기는 하지만 그렇지 않아도 상관은 없습니다. 아마 죽기 전에 한마디는 나오지 않을까 생각도 하고 기대도 합니다. 여하튼 오늘 시간 때우기는 어렵게 진행되었지만 여기서 끝을 내야 하지 않을까요. 끝내기 전에 혹시나 해서 몇 줄 더 쓰려고 합니다.

사람들이 살면서 참말로 힘든 것들을 적어보자면 재미있게 사는 것도 힘들고, 관계를 맺기도 힘들고, 명예를 쌓기도 힘들고, 권력을 가지기도 힘들고, 부를 이루기도 힘듭니다. 일정 부분 대표적인 것들이지만 이 외에도 여러모로 사람이 살아가면서 많은 것들이 힘이 듭니다.

그에 반해서 쉬운 것도 많습니다. 가령 남을 욕하는 것도 쉽고, 비난하는 것도 쉽고, 원망하는 것도 쉽고, 미워하는 것도 쉽고 또 그 외에도 쉬운 것들이 많이 있습니다. 또한 사람들이 살면서 정말로 쉬운 것들을 적어보면 재미있게 살다가 문지는 것도 쉽고, 관계를 끊어버리기도 쉽고, 명예를 허물기도 쉽고, 권력을 잃기도 쉽고, 부를 날리기도 쉽습니다. 이 외에 여러 가지 쉬운 것들이 많습니다.

이것을 외워야 하는 문제일까요. 아닙니다. 생각하면서 살면 됩니다. 잘하려고 하는 것도 중요한 일이지만, 잘 못 되려는 것을 안 하는 것도 그만큼 중요한 일입니다. 끝.

시간 때우기

02-11-0023

/

2018. 07. 13(금)

이 글에 사용된 단어들

#전문가

#지식인-어용지식인

#2018 세계행복 순위

#북한이 정한 행복 순위

#암흑물질

오늘은 전문가(專門家, specialist, expert, professional, pundit)가 누구인지에 대해서 생각도 해보고, 어쩌다 칭찬도 해보고, 어쩌면 욕도 하게 될 가능성도 있다. 다른 것은 내버려 두고 전문가에게 어쩌면 욕을 할 수도 있다는 말이 무슨 뜻인지 아니면 왜 했는지 미리 한마디 하자. 혹시 어용(御用, king's use; royal use; government use: government service)이라는 단어를 아는지 모르겠다.

머릿속에서 알고 있는 의미를 전달하기보다는, 보다 객관적이고 정확하게 그 의미를 전달하기 위해, 아예 다음 국어사전의 정의 중 최근에 쓰이는 의미 하나를 쓰면 어용은 '자신의 이익을 위해 정부나 그 밖의 권력 기관에 영합하여 자주성 없이 행동함을 낮잡아 이르는 말'이다. 이 어용이라는 단어에 학자 즉 어용학자(御用學者)는 '권력자의 비호 아래 그 정책을 찬양하고 이론적으로 정당화하는 학자'이고, 어용노동조합(御用勞動組合)은 '사용자의 비호를 받고 움직임으로써 노동자의 자주성을 상실한 노동조합'이고, 어용신문(御用新聞)은 '자신의 이익을 위하여 권력자나 정부의 비호를 받아 그 정책을 지지하고 옹호하는 신문'이다. 그럼 실제로 어용과 함께 쓴 학자, 노동조합, 신문이 있는가? 있다. 흔적만 있는 게 아니라 실체도 있다. 조금 있는 게 아니라 아주 많이 있다.

그러면 어느 분야가 많을까? 물론 노동조합이나 신문사는 다수의 사람이 모여서 활동을 하지만 하나의 단체로 구분되기 때문에 수로 세어 보면 많지가 않다. 그렇기 때문에 직접적으로 비교하기는 애매하지만 학자는 한 개인이기 때문에 수로 말하자면 상대적으로 많을 수밖에 없다. 그러면 학자는 누구를 말할까? 물론 대표적인 사람들이 대학교수가 될 것이고, 이들은 교수라는 명칭 외에도 전공하는 분야의 전문가나 통상적으로는 최고의 지식인으로도 불리는 경우가 많다.

앞에서 이왕 사전을 참고했으니 다음 백과사전으로 몇 개 더 알아보자. 지식인(知識人)의 정의는 '높은 수준의 지성과 폭넓은 교양을 갖춘 사람'이다. 그리고 어용 지식인(御用 知識人)은 '자신의 이익을 위하여 권력자나 권력 기관에 영합하여 줏대 없이 행동하는 지식인'으로 정의되어 있다. 지식인은 '높은 수준의 지성' 그리고 '폭넓은 교양', 두 가지를 갖춰야 하는 것이란다. 이 뜻 자체는 알겠는데, 이런 사람들이 그러니까 이 두 가지를 잘 겸비한 사람이 세상에 함께 살아가고 있는지, 있는 것 같기도 하고, 없는 것 같기도 하고, 잘 모르겠고 많이 혼란스럽다. '높은 수준'과 '폭넓은'이라는 것도, 알 것도 같고 모를 것도 같고, 그냥 그렇구나 하고 넘어간다. 아무리 의심을 해 봐도 답이 없을 것 같다는 게 결론일 것 같아서 그렇다.

왜 어용이란 단어 그리고 지식인과 어용 지식인이란 단어에 대해서 이렇게 많이 말을 하는가? 그것은 그럴 만한 이유가 있다. 정부의 정책 결정에서 만약에 어용 지식인이 활동을 하게 되면, 문제가 훨씬 넓고 훨씬 복잡하고 훨씬 지저분하고 등 일반에 비해서 '훨씬'이라는 단어가 필요하기 때문이다. 이 경우의 예를 들어보는데, 물론 절대적이고 대표적이라고 할 수는 없을지라도 비일비재(非一非再)한 것 중에 하나로 볼 수 있다.

가령 중간 이상 고위 공무원급에 속하는 노련한 국장급 공무원이 어느 정부 정책에 책임을 지는 대장이 되고, 과장이나 그 바로 아래 급의 공무원을 지시하여, 공무(公務)를 보면서 전문가라고 하여 대학교수에게 돈 몇 푼을 주면서 프로젝트를 진행시키는 것이다. 공무로 하고자 하는 일이 국민들에게 정말로 이익이 될지 아니면 손해가 되거나 실익이 없을지라도 어찌 되었든 타당하다는 확인을 받아 두는 일이고, 이것은 만에 하나 잘못 될 경우를 대비하는 최소한의 면피용 대책(免避用 對策)이기도 하다.

세상에 어떻게 이런 일이 있을 수 있느냐고 아니면 세상에 어떤 누가 그렇게 하겠느냐고, 아무래도 믿을 수 없다고 하는 사람이 있을 수 있다. 아니 국민 다수가 이런 생각, 그러니까 공무를 집행하는 공무원들이 설마 그렇게 하겠어 한다. 이렇게 믿을 수 없다고 해도 문제다. 실제 그런 사람들 생각보다 많기 때문이다. 국민들은 여하튼 공무원들의 공무에 대한 일정한 감시의 역할도 해야 한다. 세금만 잘 내면, 그게 잘 사용된다고 생각하면 끝이 아니다.

또 일부는 그럴 수도 있겠다고 수긍하는 사람들도 있다. 어떤 형태로든 문제의식은 있지만, 해결하고 싶은 생각이 나 해결하는 싫은 방법은 없는 사람이다. 그리고 실체를 정확히 모르기도 하기 때문에 어떻게 할 수 있는 방법도 없기 때문에 그렇기도 하다. 그냥 해 먹어도 적당히 해 먹기를 바란다. 이때 아무 의미 없는 한 마디가 '양심적으로 해 먹겠지'라고 하는 것이고, 그때의 단어 양심(良心)이라는 것을 잘 못 쓰고 있는 것이다. 이미 양심적이지 않은 행위를 한 것에 쓸 수 있는 것이 아니다.

마지막 일부는 그 내용을 오히려 잘 알고 있는 사람들이다. 그래서 그 방법을 잘 이끌어 주거나 아니면 도움을 주기도 한다. 앞서 말했던 노련한 공무원도 있고, 그 노련한 공무원에게 조종당하는 척하는 어용 지식인도 있고, 실제로 조종당하는 어용 지식인도 있다. 어떤 경우에는 조종당하는지도 모르는 어용 지식인도 있다. 왜? 그럴듯한 대접과 금전적 이득 때문이다.

이런 일들은 정도의 차이가 있다고 여겨지지만 세상 어디에서나 있을 수 있는 일이다. 다만 선진국은 그나마 과정이나 절차에 있어서 훨씬 투명하고, 있다고 해도 상대적으로 적다. 반면 후진국은 과정이나 절차가 있는지 없는지 구분도 안 되면서 불투명한 것은 물론 상대적으로 아주 빈번하다. 그러면 우리는 어느 선에 위치하는가 관심일 수 있다. 그런데 이것으로 설명하기에는 어려움이 있다.

경제적 관점의 GDP(국내총생산, gross domestic products), GNP(국민총생산, gross national products) 그리고 비경제적 관점의 행복지수 같은 것들이 있다. 사람들은 경제적 관점의 순위가 객관적이라고 생각하는 경우가 많다. 얼핏 보면 타당해 보인다. 그러면 잘 사는 나라에 사는 사람들의 행복지수가 상대적으로 높을 것이다. 그러면 일대 일의 관계로 일정하게 행복지수의 순위와 같은가? 그렇지는 않다.

너무 복잡한 내용으로 설명을 해야 할 수도 있으나 그럴 필요는 없다. 지금 이 글은 시간 때우기 용 잡문일 뿐이다. 그래서 가벼운 마음으로 아래의 표를 보자. GDP가 절대적으로 경제력을 나타내는 유일한 대표 기준으로 볼 수는 없으나, 그래도 중요한 기준이 된다. 그러니 국가별 GDP와 1인당 GDP를 비교해보는 것도 의미가 있고, 도대체 우리나라의 위치가 어느 정도인지도 찾아보고 하면 좋겠다.

세계 강국 미국의 위치는 GDP 기준 1위이고, 1인당 GDP 기준도 6위로 57,467$로 상당히 높으나 세계행복 순위는 18위에 있다. 그리고 중국의 경우는 GDP 기준 2위이나, 1인당 GDP 기준 30위권 밖이다(중국의 1인당 GDP는 8,123$로 62위이다). 그리고 세계행복 순위는 86위에 있다. 우리나라와 비교되는 일본은 GDP 기준 3위, 1인당 GDP 기준 20위이나 행복 순위 54위로 우리와 별 차이가 없다. 놀라운 것이 러시아가 GDP 기준으로 보면 12위로 우리나라보다 한 단계 아래라는 것 그리고 1인당 GDP 기준으로 8,748$로 57위에 위치한다.

2018년 세계행복순위		2016 GDP 기준			2016 1인당 GDP 기준		
순위	평점	순위	국가	USMD*	순위	국가	USD**
18	6.886	1	미국	18,569,100.0	1	룩셈부르크	102,831
86	5.246	2	중국	11,199,145.2	2	스위스	78,813
54	5.915	3	일본	4,939,383.9	3	노르웨이	70,812
15	6.965	4	독일	3,466,756.9	4	아일랜드	61,606
19	6.814	5	영국	2,618,885.7	5	아이슬란드	59,977
23	6.489	6	프랑스	2,465,454.0	6	미국	57,467
133	4.190	7	인도	2,263,522.5	7	덴마크	53,418
47	6.000	8	이탈리아	1,849,970.5	8	싱가포르	52,961
28	6.419	9	브라질	1,796,186.6	9	스웨덴	51,600
7	7.328	10	캐나다	1,529,760.5	10	오스트레일리아	49,928
57	5.875	11	한국	1,411,245.6	11	네덜란드	45,295
59	5.810	12	러시아	1,283,162.3	12	오스트리아	44,177
36	6.310	13	스페인	1,232,088.2	13	홍콩	43,681
10	7.272	14	오스트레일리아	1,204,616.4	14	핀란드	43,090
24	6.488	15	멕시코	1,045,998.1	15	캐나다	42,158
96	5.093	16	인도네시아	932,259.2	16	독일	41,936
74	5.483	17	터키	857,749.0	17	벨기에	41,096
6	7.441	18	네덜란드	770,845.0	18	영국	39,899
5	7.487	19	스위스	659,827.2	19	뉴질랜드	39,427
33	6.371	20	사우디아라비아	646,438.4	20	일본	38,894
29	6.388	21	아르헨티나	545,866.2	21	아랍에미리트	37,622
9	7.314	22	스웨덴	510,999.8	22	이스라엘	37,293
42	6.123	23	폴란드	469,508.7	23	프랑스	36,855
16	6.927	24	벨기에	466,365.7	24	이탈리아	30,527
46	6.072	25	태국	406,839.7	25	한국	27,533
134	4.166	26	나이지리아	405,082.7	26	브루나이	26,939
12	7.139	27	오스트리아	386,427.8	27	스페인	26,528
2	7.594	28	노르웨이	370,556.7	28	몰타	25,058
20	6.774	29	아랍에미리트	348,743.3	29	키프로스	23,324
122	4.419	30	이집트	336,296.9	30	바하마	23,124

* US million dollar ** US dollar

표를 이리저리 보면서 놀라운 것들이 한두 가지가 아니라는 것을 느낄 수 있는데, 그것이 무엇일까? 이다. 우리나라가 상대적으로 너무 잘 산다는 것에 놀란다. GDP 기준 세계 11위다. 국토의 넓이와 인구 그리고 남북 분단 상황 등을 고려했을 때 대단한 성과다. 그런데 1인당 GDP를 보면 조금 더 떨어진 25위에 위치하는데, 그래도 대단한 성과이다.

여기에서 또 한 번 놀라운 것이 있다. 우리나라 사람들은 잘 먹고 잘사는 것으로 생각했는데, 행복 순위가 세계 57위다. 뭔가 찝찝하다. 우리나라 사람들 개개인의 소비성향이나 놀이문화 등 여러 가지를 보면 훨씬 더 위에 있어야 할 것 같은 느낌을 가지고 있는데 말이다. 그런데 행복이 뭔지를 모른다면, 순위가 높던 낮던 아무런 의미가 없다. 행복은 너무 복잡해서 아주 한참 지난 후에 다룰 생각이다. 그때까지 무기한 연기한다.

위 데이터는 '2018 세계행복 순위'는 UN SDSN(sustainable development solutions network) 자료이고, '2016년 GDP 및 1인당 GDP 자료'는 통계청에서 구했으며, '2016년 GDP 순위'를 기준으로 재편집하였다. 한마디 하자면, 위 표를 이용하여 많은 설명을 더 할 수도 있었는데, 글의 길이가 무한정 늘어날 것 같아 대부분 생략했다. 그러니 표 만들려고 개고생한 것에 비해 활용을 적게 했다.

또 하나의 표를 보게 될 것인데, 이것은 우연히 그리고 엉뚱하게 아주 재미있는 자료를 보게 되었는데, 그것을 한 번 보자는 것이다. 이 자료는 뉴시스 2011년 6월 3일 자 기사로 〈"北, 세계에서 두 번째로 행복…美는 가장 불행"…조선중앙 TV〉이다. 이 뉴스의 출처로는 영국 '데일리메일'로 되어 있다.

그러니까 북한이 정한 행복 순위는 북한과 가까운 정도가 행복의 순위로 평가되었다는 것을 알 수 있다. 출처가 데일리메일이라는 것 외에 어떤 설명도 없는 신문 기사이기 때문에, 더 이상 무엇이든 설명을 할 수는 없지만, 북한이 그렇다고 하면 북한에서는 그런 것이다.

순위	국가	행복지수
1위	중국	100
2위	북한	98
3위	쿠바	93
4위	이란	88
5위	베네수엘라	85
152위	한국	18
203위	미국	3

그러니 지금 우리나라에 사는 사람들이 북한의 실상을 어느 정도는 알고 있고, 최근에는 북한과의 관계도 좋아지고 있는 시점에서 좀 더 좋아지기를 바란다는 말을 하고 여기도 마감을 한다. 재미있는 것 하나를 본 것으로 만족해야 하겠다.

전문가는 누구인가를 말하려고 했는데, 뭔가 되게 무거운 내용이 갈팡질팡하며 진행이 되는 것 같다. 아마도 내용과 잘 어울리지도 않는 '2018 세계행복 순위'와 '2016년 GDP 및 1인당

GDP 자료'를 과도하게 사용한 데서 그런 것 같다. 그러면 다음으로 할 말이 무엇인지 또 가보자.

우리나라 대학에는 학과의 이름을 들으면 무슨 뜻인지 대부분 알 수 있다. 아주 특이한 것이 애완동물학과(愛玩動物學科) 같은 것인데, 이 학과 명칭을 들으면 대략적으로 뭐를 배우는지 알 수 있다. 그리고 최근에는 애완동물보다 한 단계 더 격상된 반려동물(伴侶動物)이라고 하여, 동물을 다루는 그 중요성에 비해, 수요는 훨씬 더 증가하는 것을 볼 수 있다.

그런데 더 특이한 학과로는 장례학과(葬禮學科) 같은 것인데, 주변에 죽은 사람들의 장례를 경험했기 때문에 그들이 하는 일은 대충 알겠지만 그렇다고 그것을 배워야 하는 일인지 또 그런 일을 하는 사람을 전문가라고 할 수 있는 것인지 조금은 의아하기는 하다.

그런데 가족의 누군가가 죽었을 경우, 절차에 따라 예의를 갖추고 매장이든 뭐든 장례를 치르는 것은 개인이 하기에는 매우 어렵다. 그것에 도움을 받는 것은 필연이다. 그런 절차와 과정 모두를 잘 알고 진행시킬 수 있는 장례지도사는 전문성의 면에서는 분명 전문가가 맞다. 그 전문성의 난이도나 가치성을 다른 직종과 비교했을 때, 비록 높다고 할 수는 없을지라도 말이다.

어차피 전문가를 잘 육성할 수 있는 곳이 고등교육을 담당하는 대학이라고 볼 수 있다. 그래서 좀 엉뚱하지만 실체가 없는 가상의 이야기를 하나 하려고 한다. 가상의 이야기이기는 하나

대체적으로 유사한 내용이 실제로 있다. 만약 이런 비현실적일 것 같은 종류의 내용에 관심 있는 사람들을 위해 한 가지 제안을 하자면, 암흑물질(暗黑物質, dark matter)에 대해 연구하는 몇몇 연구자들의 이야기를 찾아서 읽어보기를 추천한다. 아마도 정말 그렇겠구나 하고 생각하게도 될 것이다.

그러니까 한 나라가 어느 특정 분야의 전문가를 가지고 있다는 것의 의미는 크다. 만약 아주 특이한 전공의 학자가 있다고 하자. 그 학자가 혼자만의 관심으로 그 특이한 전공을 평생 했다고 하고, 정말 죽기 전에 한 번도 사회에 봉사하지 못했다고 하자. 그러면서 그 사람을 따르는 후학이 겨우 하나 생겨서 그 수준만큼 해 놓고 죽었다고 하자.

그의 전공이 쓰였든 안 쓰였든 간에 우리나라에는 그 전공을 한 사람이 하나 있었다는 것이고, 그의 제자 한 사람이 또 있으므로 아직도 그 특이한 전공을 한 사람이 하나 있다. 그것이 국력이다. 사회가 그의 전공을 포기하지 않게 해준 것이다. 먹고 살았고 그러면서 계속 연구할 수 있게 해 줬으니까. 아마도 그는 몇억 내지 몇십억의 비용이 들어간 사람이다. 그런데 사회에 기여한 것은 별로 없는 사람이다.

그러나 그래도 우리는 그를 존경해야 하고, 그의 전공을 유지시켜야 하고, 보호까지 해야 한다. 구체적이지 못 한 것을 가지고 너무 심각하게 말하는 것 같다. 그런데 그게 국가의 힘이다. 그 사람이 실제로 우리나라에 있다면, 우리나라 외에는 없는 전문가이다. 그리고 그가 진정한 전문가이다.

전문가의 가치를 여러분도 알 수 있는 예로 공군의 전투비행사를 생각해보자. 분명 전투비행사는 전투비행의 전문가이다. 그런데 그가 전문가가 되는 과정을 돌아보면 우선 공군사관학교에 합격할 정도로 신체적으로 건강하고 정신적으로도 건강할 것이며 지능도 좋을 것이다. 겨우 입학을 시켰다. 4년간 먹고 자고 교육시키고 훈련시키고 모두 무료다. 무료는 두 입장이 있다. 본인과 상대 그러니까 여기서 상대는 국민이고 그중에서도 국민 개개인이 내어놓는 세금이다.

졸업하면서 소위 계급으로 임명하여 단계별로 조종훈련을 시킨다. 어느 순간에 전투기를 조종하는지 그리고 또 어느 순간 최신형 전투기를 조종하는지는 잘 모른다. 그래도 중위 고참이나 대위 고참 정도가 되어야 하지 않나 하는 생각이고 그리고 소령이나 중령이 되어야 베테랑이 될 것이다. 참 오랜 기간과 막대한 비용을 들여 전투비행사 하나를 키워냈다. 그런 그가 자기 자신과 가족과 국가와 민족을 위해 어떤 경우에는 목숨까지 바쳐 충성하기를 바라는 것이다.

박사를 받은 전문가도 있다. 박사를 받았으면 독자적으로 연구를 시작할 수 있다는 전문가로서의 시작점이 될 것이다. 그가 무엇을 하던 아주 기본적으로는 읽고 쓰고 실험하고를 지루하게 반복하면서 점차 성숙된 결과를 얻어 낼 것이다. 천재가 있어서 초기 단계부터 높은 수준의 결과를 내는 사람이 없는 것은 아니나, 많은 현상을 의외성으로 설명하는 것은 바람직하지 않다.

그러니까 분야를 막론하고 어느 전공을 해서 전문가가 되었다는 것은 많은 시간을 투자하고, 꾸준히 연구했다는 것을 증명하는 것이다. 이런 그들을 비유하자면, 길가에 많은 돌이 있을 때, 그 돌 하나하나를 치워내는 사람들이다. 그러면서 많은 사람들의 불편을 덜어주려고 노력하는 사람들이다. 그래서 약간의 명예스러움이 있었으나 지금은 그런 기미가 많이 퇴색된 것 같다. 그리고 경제적으로도 특별한 혜택이 돌아오는 것 같지도 않다.

지금부터는 전문가에 대한 욕의 시작이다. 공무원에 대해서도 이야기했고, 진정한 전문가에 대해서도 이야기했다. 그런데 전문가를 그렇게 엄숙하게만 볼 필요는 없다. 일단 그들도 생활인이기 때문에 월급이든 연봉이든 많이 받아서 잘 먹고 잘살고 싶은 욕망을 가진 사람이라는 점을 인정할 필요가 있다. 그 자체가 욕먹을 일도 아니고 욕할 일도 아니다.

요사이 티브이에서 4대강 이야기가 쉴 새 없이 나온다. 정책을 잘해서 나오는 것이 아니라, 잘 못 해서 나오는 뉴스다. 그런데 그렇게 진행이 된 이유 중에 하나가 어용 전문가들의 대거 참여다. 어용 전문가에는 실제로 전문가의 지식이 있었을 것이나, 아마 양심은 없었을 수도 있다. 어쩌면 양심까지 있고, 신념에 의해서 그랬다면 정말 무모한 사람이다.

왜냐하면 4대강 공사, 그때만이 아니라 현재까지 문제가 지속되고 있기 때문이다. 전문가라는 사람이 그 공사 시점의 고정된 시간에서만이 아니라 시간이 흐른 후의 결과를 예상하지 못했다면, 그러면 애초에 그는 전문가라고 볼 수 없는 사람, 그러니까 전문가인 척 한 사람일 뿐이기 때문이다.

증권전문가 부동산 전문가 등도 자칭 전문가인지 타칭으로도 전문가인지는 모르겠으나 많은 사람들이 전문가 행세를 한다. 그들은 누구의 이익을 위해 전문가 행세를 하는가 혹시 궁금하지 않은가 모르겠다. 그들은 그들의 이익을 위한 전문가이다. 그들 만큼의 전문가는 증권 브로커나 부동산 투기꾼이나 부동산 사기꾼도 그 정도의 전문가는 된다. 그만큼 되지도 않는 실력으로 브로커나 꾼 이 되지도 못한다. 그러니까 전문가는 좋은 의미로도 존재하고 그에 반하는 쪽으로도 존재하는데 과연 필요한 전문성이냐 하는 것이 문제다.

전문가라는 단어 앞에 특정 명사나 수식어를 사용하면 전문가의 종류 또한 부지기수로 늘어난다. 군사 전문가 정치 전문가 법률전문가 등으로 예를 들어 볼 수 있다. 이들 전문가는 서로 같은 주제나 대상을 놓고 서로 다른 이야기를 해도 그들끼리 또는 다른 사람들까지도 전문가라고 한다.

그 전문가들이 이야기한 것이 사실인 경우에는 당연하지만, 사실 그러니까 정답이 될 만한 것이 그렇게 많지는 않다. 그리고 대다수이지만 혹시나 틀리더라도 그냥 전문가로서 남는다.

가끔은 창피해 할 만도 한데, 창피함을 알면 어떻게 그런 짓을 하고 살겠는가 하고 생각한다.

전문가는 전문가로서 자기가 채택한 전문적인 것에 대해서 스스로 믿으면 참 다행이다. 그런데 그들이 하는 서비스인 전문적인 내용에 대해서 책임을 질 수 없다. 왜냐하면 전문가는 돈이 없어서 전문가를 하기 때문이다. 그러니 그 결과에 대해서 책임을 질 수 없는 것이 당연하다. 그러니 어용 전문가가 될 수밖에 없는 것이다.

그러면 어떻게 하면 되는가가 또 문제이다. 간단한 방법은 ① 자기의 전공, ② 자기의 신념, ③미래에 끼칠 영향 그리고 ④일반적 상식에 의거해서 해야 할 것인지를 아니면 말아야 할 것인지를 결정하면 되는 일이다. 위 4가지 내용 중에서 ①전공과 비교하기가 좀 부담스럽거나, ②신념과는 상관없이 돈이나 명예 등의 개인적 욕심에 의하거나, ③미래에 대한 책임을 피하려고 하거나 그리고 마지막으로 ④ 그것과 관련된 사람들 또는 국민 대다수가 반대를 하거나 하는 경우가 될 것이다.

이 중에서 무서운 신념 하나를 더 말하고 싶다. 전문가이면 고집이 있어야 한다. 어느 순간에 어떤 일을 하려고 할 때, 주변 사람들의 이익과 첨예하게 관련이 되어 있고, 그들이 반대하고 있는 경우이다. 그러나 전문가로서의 확고한 신념 그리고 미래에 끼칠 영향이 긍정이라면 어떤 어려움이 있더라도 해내야 한다.

전문가로서 내일이 아니라는 생각과 치사하다는 생각 그리고 생각도 못 한 여러 가지가 있을 수 있겠으나, 해야 할 일을 하지 않음으로써 주변 이웃과 국민 전체가 손해가 나는 경우라면 이것 또한 말이 안 된다. 지금 전문가 어느 한 개인을 말하는 것 같지만 그런 개인들이 모여 지역사회를 구성하고 국가를 구성해서 우리가 살고 있는 것이다.

지금 묘한 기분이다. 칭찬하고 싶은 전문가도 이루 헤아릴 수 없이 많다. 그리고 그것보다는 훨씬 적겠지만, 욕할 전문가도 사실은 부지기수다. 특정인을 칭찬할 수도 있고 또한 특정인을 욕할 수도 있다. 그런데 그게 어떤 의미가 있을 것인지에 대해서 곰곰 생각하고 있다. 일부 욕먹을 사람들이, 잘 먹고 잘살겠다고 그러는데, 왜 그러느냐고 하면 그래도 그건 아니지라고 할 말 밖에 또 뭐가 있을 텐가.

처음부터 분야를 정하거나 해서 일관되게 칭찬을 하든 욕을 하든 했으면, 글을 읽는데 일관성 면에서나 이해하는 면에서 훨씬 도움이 되었을 것이다. 그런데 군데군데 서로 연결도 잘 안 되고 또한 엉뚱한 내용이 들어오고, 난리도 이런 난리가 없다고 생각되기도 하다. 이럴 때 상투적으로 쓰는 말이 있다. 널리 이해하라던가 아니면 널리 용서하라던가이다. 그런데 나는 '각자 알아서 하시오'이다. 왜? 알려고 하지 마세요. 그러고 싶어서예요.

글의 처음 의도와 크게 다르지는 않지만 여하튼 '세계행복 순위' 와 '2016년 기준 GDP와 1인당 GDP 기준'의 내용이 너무 과하게 들어가 글을 쓰는 것도 혼란을 가져왔다. 그러니 글을 읽는 사람도 혼란에 빠질 게 어느 정도는 분명하다. 그렇다고 엄청 재미난 글이 된 것도 아닌 것 같다. 지금 무슨 말을 하려고 하는지 이미 눈치챘을 것 같은데, 맞다. 여기서 이렇게 끝이다.

빈 칸 9 : 추억 또는 한마디, 쓰고 싶은 것 쓰기.

1.

2.

3.

4.

시간 때우기

02-12-0024

/

2018. 07. 31(화)

이 글에 사용된 단어들	#오행-목화토금수
	#오방-오방색-오방음식
	#의-식-주
	#오장육부
	#오미

오늘 시간 때우기에는 주제가 있을까요? 글쎄요. 우리 생활에 밀접하기는 한데, 밀접한 것인지 아닌지 그것조차 모르는 것에 대해서 생각해보려고 합니다. 이 글을 읽다가 보면 현재도 그런가 하고 의아해할 수 있으나 실제로는 알게 모르게 잘 지켜지는 것입니다. 그러니 한 번 쭉 읽어보고 그랬구나, 그랬구나 하시면 됩니다.

그리고 이것은 또한 오랜 과거에서 현대로까지 연결된 우리나라 사람들의 삶, 굳이 우리나라라고 하기보다는 동양, 그중에서도 동아시아에 속하고, 한 번 더 좁혀보면 극동아시아 지역 사람들의 삶에 영향을 미친 내용입니다. 바로 오행(五行)입니다. 오행이니까 우선 무엇이 되든 간에 다섯 가지로 구분을 하겠구나 하고 짐작을 할 것인데, 정확히 맞습니다.

우선 오행은 목(木) - 화(火) - 토(土) - 금(金) - 수(水) 그러니까 나무 - 불 - 흙 - 쇠 - 물을 상징하는 한자로 표현했습니다. 이 다섯을 가지고 세상을 설명하려고 무진 애를 썼습니다. 그래서 신기할 정도로 많은 분야에 꿰어 맞추듯 한 느낌이 있으나, 여하튼 애정-결혼-수명-음식-의료-의복 등 생활의 모든 영역에 영향을 미쳤고, 알게 모르게 지금도 영향을 미치고 있습니다.

가끔 보면 명절에 어린아이들에게 입히는 색동옷이 있습니다. 엄밀히 보면 오방색은 아니지만 오방색을 응용한 의복 디자인입니다. 지금 오방색에 대해서 말을 하지는 않았지만 다섯 가지 색을 말하는구나 하는 정도는 눈치로 알 수 있다고 했습니다. 그러면 또 하나 음식 중에서 오방색 무리떡, 오방색 구름떡, 오방색 개피떡과 같은 떡이 있습니다. 이들 떡은 보기만 해도 예쁘고, 예쁜 시각적 자극을 받아서 그런지 맛도 있습니다.

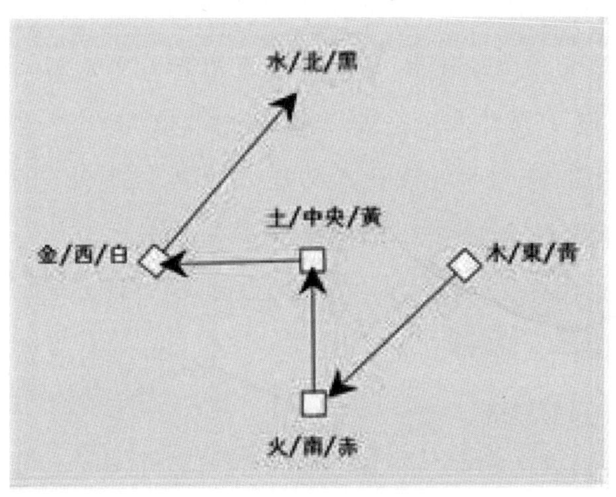

그러면 앞서 소개한 오행(五行)과 다섯 방위인 오방(五方)과 그 방향에 따라 결정된 색인 오방색(五方色)을 한 번에 설명하는 그림을 보면서 시작을 하겠습니다.

위 그림은 오행/오방/오방색 순서를 나타냅니다. 그러니까 오행의 첫째는 목이고, 방위로는 동쪽을 그리고 오방색으로는 청색을 상징하는 것입니다. 오행의 둘째는 화이고, 방위로는 중앙을 그리고 오방색으로는 황색을 상징하는 것입니다. 같은 순서로 오행의 셋째는 토이고, 방위로는 남쪽을 오방색으로는 적색 그리니까 붉은색을 상징합니다.

지금 말한 세 가지 색을 가만히 생각해 봅시다. 그러면 뭔가 생각이 나거나 하는 게 있을까요. 중국과 조선에 관한 영화나 티브이의 고전 연속극 그러니까 가상의 한 장면을 생각해 봅시다. 중국 황제와 조선의 임금이 나란히 서 있는 장면을 생각해 보시는 게 좋겠습니다. 중국 황제는 황룡포(黃龍袍) 또는 황색 곤룡포라고 해서 오조룡보(五爪龍補) 4개를 양 어깨·앞가슴·뒷등에 각각 단 금색의 옷을 입었을 것이고, 조선의 임금은 붉은색의 곤룡포(袞龍袍)로 같은 위치에 금사(金絲)로 수놓은 사조룡보(四爪龍補) 4개를 달았을 것입니다. 여기서 사조룡 또는 오조룡이라는 단어가 나오는데, 조(爪)가 용의 발톱이고, 그 수를 말하는 것입니다.

다음 화면으로는 조선의 임금과 신하들이 회의할 때를 생각하면, 신하들은 금관과 조복을 같이 착용하고 있으므로 금관조복(金冠朝服)을 입고 회의에 참석했다고 합시다. 금관은 머리에 쓰는 관으로 당초문이 새겨져 있습니다. 조복은 문무백관이 착용한 예복으로 적초의(赤綃衣)·적초상(赤綃裳)·청초중단(靑綃中單) 등과 다른 많은 부속품으로 구성되었다고 합니다. 그러니까 금관 모양에 따라 그리고 옷 모양은 동일하나 옷에 착용하는 부속품에 따라 1품에서 9품까지 품계에 차등을 두어 구분하였음을 알 수 있습니다. 또한 단순히 옷이라는 말을 쓰는데, 옷에도 의(衣)는 상의(上衣) 그러니까 위에 입는 옷이고, 상(裳)은 하의(下衣) 그러니까 아래에 입는 치마 모양의 옷입니다.

지금 제가 후회하고 있는 게 하나 있습니다. 오방색 하나 설명하려고 어쩌다 예를 든다는 것이 의복으로 처음에는 간단히 하려고 했는데, 굉장히 잘 못 생각했다는 것입니다. 의복은 시대에 따라 문화에 따라 품계에 따라 모두 다르다고 보면 되겠습니다. 그러니까 쉽게 말하자면 정말로 '그때그때 달라요'라고 해야 할 것 같습니다.

여하튼 중국 황제는 중앙이고 황색으로 된 황룡포이고, 우리 조선의 임금은 남쪽이고 붉은색의 곤룡포이고, 신하는 주로 동쪽의 청색 계열의 옷을 입었다는 것입니다. 물론 깨끗하고 선명한 청색이라기보다는 간방색으로 그사이에 들어간 약간 선명치 못 한 색을 쓴 것을 알 수 있습니다. 간방색은 오간색 (五間色)이라고 하며 녹(綠), 벽(碧), 홍(紅), 자(紫), 유황색(硫黃色)을 이릅니다.

이번에는 음식입니다. 앞서 오방색 무리떡, 오방색 구름떡, 오방색 개피떡과 같은 떡의 이름을 나열했는데, 이것들의 색은 어떻게 냈을까요. 각종 음식 재료를 생각해 봅니다. 그러면 이들 다섯 가지 색을 내기 위해서는 어떻게 했을지 오행에 맞추어 볼까요. 청-쑥가루/모시 잎 가루, 황-단호박가루, 적-백년초/비트가루, 백-쌀가루, 흑-흑임자가루(검은깨 가루)를 사용했겠지요.

요사이는 오방색 떡국도 있는 것을 본 적이 있습니다. '청-

쑥/시금치, 황-단호박, 적-홍국쌀, 백-백미 , 흑-흑미'로 하면 색이 어느 정도 나올 것 같은 생각이 듭니다. 혹시 홍국쌀을 아시나요. 기능성 쌀 중의 하나로, 쌀을 누룩곰팡이로 발효시키면 붉은색을 띠는 홍국쌀이 됩니다. 물론 혈관을 건강하게 하는 기능이 있다고 하는데, 가격도 상당히 비싼 쌀입니다.

그러면 주택에도 오방색이 쓰일까요. 지금 여러분은 아 이 사람이 의(衣)-식(食)-주(住)에 대해서 순서대로 말하고 있구나 하는 눈치를 채셨나요. 사람들에게 가장 기본이 되는 것이니까 의도적으로 그런 면도 조금 있습니다. 여하튼 주택에서 대표적인 오방색으로는 단청(丹青)이 있습니다. 궁궐이나 사찰 그리고 서원 등이 대표적으로 많이 사용하고 있다는 것을 알 수 있습니다. 단청은 오방색 원색만을 사용하는 것이 아니라 간방색도 많이 사용되고 그 외에도 여러 색의 조합을 응용하여 색용 사용하였다는 것을 알 수 있습니다.

다음으로 오행과 연관된 것으로 생각해 볼 것이 의료 그러니까 한방에서 말하는 오장육부(五臟六腑)를 힐끗 보는 것이 어떨까 합니다. 오장육부를 설명하는 것은 아니고 말 그대로 힐끗 보는 것인데, 사실 이것은 힐끗 보더라도 복잡합니다. 그런데 꼭 잘 보시기를 그래서 외울 수 있을 정도가 되기를 바랍니다. 그 이유는 나중에 말해보려고 합니다.

원래 일반적으로 한의학에서는 기본적으로 오장육부(五臟六腑)를 말하지만, 경우에 따라서는 오장오부(五臟五腑) 또는 육장육부(六臟六腑)라고 말해지기도 합니다. 우선 아래 표에는 3가지를 모두 나타내었는데, 오장오부에서는 오행과 장부가 1:1로 대응하고 있다는 것을 알 수 있습니다. 그런데 오장육부에는 부(腑)에 삼초(三焦)가 화(火)에 배정되어 있고, 육장육부에서는 장(臟)에 심포(心包)가 부(腑)에는 역시 삼초(三焦)가 화(火)에 배정되어 있습니다.

장부에 쓰인 한자는 간장-심장-비장-폐장-신장과 담-소장-위-대장-방광으로 실제로 몸의 각 신체 부위입니다. 서양의학을 전공한 의사들도 알고 있는 내용입니다. 그런데 심포와 삼초는 서양의학을 전공한 의사들도 모릅니다. 왜 그러냐면 몸속에 실제로 그런 장기가 없으니까요. 그런데 한의학을 전공한 한의사들은 실체 유무에 관계없이 인정을 합니다.

심포는 심장을 둘러싼 부위를, 삼초는 상초·중초·하초로 구분을 해서 목 아래에서부터 배꼽 위까지를 3등분 해서 각각의 부위가 유기적으로 상호작용을 한다고 생각하는 것입니다. 이것을 어떻게 설명할 것인지, 믿어야 할지 말아야 할지는 의사든 한의사든 그들이 알아서 할 일입니다. 그러니까 우리들은 오장오부(五臟五腑)든 오장육부(五臟六腑)든 육장육부(六臟六腑)든 상관이 없고, 오직 오행과 장부의 관계만을 정확히 알고 있으면 되고 심포와 삼초는 생략해도 되나 굳이 생략할 필요 없이 그렇구나 하고 생각하면 됩니다.

그런데 상식으로 또한 꼭 알아 두어야 할 것이 우리가 일반적으로 장부(臟腑)를 말하는데, (臟)은 항상 가득 차 있어야 되는 장기이고, 부(腑)는 항상 깨끗이 비어 있어야 되는 장기입니다. 여러분들이 이것만 알아도 과음-과식-야식 등 함부로 먹으면 안 되겠구나를 깨달으면 좋을 텐데라는 생각을 합니다.

오장오부(五臟五腑)						
五行	木	火		土	金	水
五臟	肝	心		脾	肺	腎
五腑	膽	小腸		胃	大腸	膀胱
오장육부(五臟六腑)						
五行	木	火		土	金	水
五臟	肝	心		脾	肺	腎
六腑	膽	小腸	三焦	胃	大腸	膀胱
육장육부(六臟六腑)						
五行	木	火		土	金	水
六臟	肝	心	心包	脾	肺	腎
六腑	膽	小腸	三焦	胃	大腸	膀胱

사람들이 안다고 해서 무엇인가가 자동으로 제어가 되지는 않습니다. 그중의 하나가 식욕 같은 것인데 그중에서도 치맥의 유혹, 차가운 맥주 한 캔과 잘 튀긴 치킨, 그것의 유혹을 참는다는 것, 그게 참 어려운 일인 것 같습니다. 그래도 의지를 가지고 잘 관리하는 사람들도 많으니 여러분들도 유혹에 빠지되, 그 유혹에 빠진 잘 못만큼 가혹하게 운동을 해서 원상회복을 시킨다면 유혹에 빠진들 무슨 문제가 있나요. 분명 유혹에는 빠지는데, 그다음 하나는 어려워서 안 하는 게 아니라는 '하려고 했는

데'라고 하면서 많은 핑계를 대겠지만, 핑계의 무한 반복일 뿐입니다.

위에 장부를 이야기하려고 표를 하나 보였는데, 이번에는 그것을 포함하여 오행과 관련된 또 다른 내용까지 포괄하고 있는 표를 또 보셔야 합니다. 아주 지겨울 수 있을 것 같습니다. 이 책이 시간 때우기입니다. 그러니 심심한데 이것도 통째로 외우시기를 바랍니다. 그리고 이게 오행과 관련해서는 마지막이겠구나 생각하면 안 됩니다. 아마 반밖에 안 되거나 아니면 반도 안 될 수도 있습니다. 하여튼 우리나라 오천 년 역사만큼 아니 그 이상으로 복잡한 체계입니다.

여러분도 다섯 개로 나눌 수 있는 대상이 있다면, 머릿속으로 나눠보시기 바랍니다. 그리고 그것이 오행과 관련이 있는지 찾아본다면, 아마 찾으려는 대상이 사람들의 삶과 관련해서 의미가 있고, 다섯 개의 분류가 정확하게 구분하였다면 오행과 관련된 것이 있을 겁니다. 그 예 중의 하나가 아래와 같은 내용입니다. 오행과 얼굴, 오행과 입속까지도 관련을 맺을 수 있습니다.

五行	木	火	土	金	水
얼굴(오관)	눈	혀	입	코	귀
입속	맛보기	혓바닥	입술	치아	침

한편으로 엉뚱한 생각도 해 볼 수 있습니다. 현재 태양계의 행성은 '수성-금성-지구-화성-목성 -토성-천왕성 -해왕성'입니

다. 그러면 태양을 중심으로 하는 태양계와 오행은 관련이 있을까요. 얼핏 보면 오행이 '목-화-토-금-수'로 비슷하니까요. 그리고 아주 오랜 과거에, 눈으로 볼 수 있는 별들도 이들 5개의 별이었을 것이고요. 아주 오랜 과거 다른 것은 다 내버려 두고, 성능 좋은 천체망원경이 있었다면, 오행이 아닐 수도 있었겠구나, 이런 생각도 쓸데없이 해 봅니다. 여하튼 그렇겠구나 하고 앞서 설명했던 표를 잘 보시라고 다시 한 번 강조합니다.

이 한쪽을 펴 놓고 몇 번을 보셨는지는 모르겠지만, 다 외우셨나 하고 이렇게 물어보면 정말 짜증 나겠지요. 짜증이 나면 짜증을 내세요. 나는 여러분이 그럴 것이라고 생각은 하지만 실제 어떤지는 모르니까요. 헤헤.

위 표를 보면 의-식-주에 대해서 오행과 오색의 조합으로 서로 대응된다는 것은 알았을 것이고, 그와 함께 오행-오방의 관계도 대략적으로 알았을 것인데, 한 마디를 더 추가하면 목-동-청룡(青龍, 창룡(蒼龍)), 화-남-주작(朱雀, 주조(朱鳥)), 토-중앙-황룡(黃龍), 금-서-백호(白虎), 수-북-현무(玄武)의 사방신(四方神) 또는 사신(四神)의 관계도 알 수 있습니다. 사신도는 고구려 고분벽화로는 강서대묘(江西大墓), 강서중묘(江西中墓) 등이 있고, 백제에는 공주의 송산리고분(宋山里古墳), 부여의 능산리고분(陵山里古墳)의 벽화에서 이들 그림을 볼 수 있습니다.

五行	木	火		土	金	水
五臟	肝(간)	心(심장)	心包	脾(비)	肺(폐)	腎(신)

<table>
<tr><td colspan="2">五腑</td><td>膽(담)</td><td>小腸(소장)</td><td>三焦</td><td>胃(위)</td><td>大腸(대장)</td><td>膀胱(방광)</td></tr>
<tr><td colspan="2">五體</td><td>筋(근육)</td><td colspan="2">血(피)</td><td>肉(살)</td><td>皮(피부/털)</td><td>骨(뼈/골수)</td></tr>
<tr><td colspan="2">五官</td><td>目(눈)</td><td colspan="2">舌(혀)</td><td>口(입)</td><td>鼻(코)</td><td>耳(귀)</td></tr>
<tr><td colspan="2">五味</td><td>酸(신맛)</td><td colspan="2">苦(쓴맛)</td><td>甘(단맛)</td><td>辛(매운맛)</td><td>鹹(짠맛)</td></tr>
<tr><td colspan="2">五色</td><td>靑</td><td colspan="2">赤</td><td>黃</td><td>白</td><td>黑</td></tr>
<tr><td colspan="2">五方</td><td>東</td><td colspan="2">南</td><td>中央</td><td>西</td><td>北</td></tr>
<tr><td colspan="2">五時</td><td>春(봄)</td><td colspan="2">夏(여름)</td><td>長夏(한여름)</td><td>秋(가을)</td><td>冬(겨울)</td></tr>
<tr><td rowspan="2">天干</td><td>陽</td><td>甲(갑)</td><td colspan="2">丙(병)</td><td>戊(무)</td><td>庚(경)</td><td>壬(임)</td></tr>
<tr><td>陰</td><td>乙(을)</td><td colspan="2">丁(정)</td><td>己(기)</td><td>辛(신)</td><td>癸(계)</td></tr>
<tr><td rowspan="2">地支</td><td>陽</td><td>寅(인)</td><td colspan="2">午(오)</td><td>辰戌(진술)</td><td>申(신)</td><td>子(자)</td></tr>
<tr><td>陰</td><td>卯(묘)</td><td colspan="2">巳(사)</td><td>丑未(축미)</td><td>酉(유)</td><td>亥(해)</td></tr>
<tr><td colspan="2">五音</td><td>角(각)</td><td colspan="2">徵(치)</td><td>宮(궁)</td><td>商(상)</td><td>羽(우)</td></tr>
<tr><td colspan="2">五常</td><td>仁(인)</td><td colspan="2">禮(예)</td><td>信(신)</td><td>義(의)</td><td>智(지)</td></tr>
</table>

그러면 이것은 어디에 쓰이느냐면 동기감응(同氣感應) 또는 친자감응(親子感應)이라 해서 죽은 조상이 살아있는 자손에게 잘 되기를 바라는 기운을 잘 전달할 수 있게 한다는 것인데, 그러니까 풍수지리(風水地理)에서 음택(陰宅)을 선택하는 기준 다른 말로 명당(明堂)자리를 설명할 때 쓰이는 개념입니다. 물론 이것도 여기가 끝이 아니고 그렇다고 이게 시작이라고 볼 수도 없습니다. 정말 방대한 체계는 물론 나름 정교한 체계로 되어 있습니다. 그리고 이게 바로 주역(周易)이라고 해서 점도 복 묏자리도 보고, 하는데 두루 쓰입니다. 이 내용만으로도 수십 권의 책을 쓸 수 있는데, 내가 아는 것은 이게 전부다. 그러니 또 뛰어넘어야겠다.

오행과 의-식-주에 대해서는 상식적인 이야기가 어느 정도 되었다고 생각합니다. 그러면 오행과 오기 그리고 오오(五惡)를 우선 간단히 한번 보면 아래와 같습니다. 이어서 이것은 오행과 오장육부 그리고 오미의 관계까지 전부 뭉뚱그려 건강에 대해서 이야기를 하게 될 겁니다.

우선 아래의 내용은 오행과 오기와 오오의 관계를 나타낸 표입니다. 오장소오(五臟所惡)라고 해서 오행과 오기의 관계 그리고 오기와 오오의 관계를 나타낸 것입니다. 만약 처음의 간오풍(肝惡風)이 뜻하는 것이 간(肝)은 풍(風)을 싫어한다는 말입니다. 두 번째 심오열(心惡熱)은 심장(心臟)은 열(熱)을 싫어한다는 뜻을 알겠지요. 폐는 찬기를 싫어한다니 마스크라도 쓰면 좋을 것인데, 요사이는 차지 않은데도 미세먼지 때문에 시도 때도 없이 착용을 하는 불편을 겪고 있습니다.

五行	木	火	土	金	水
五氣(오기)	風(풍)	熱(열)	濕(습)	寒(한)	燥(조)
五惡(오오)	肝惡風 (간오풍)	心惡熱 (심오열)	脾惡濕 (비오습)	肺惡寒 (폐오한)	腎惡燥 (신오조)

여기에서 알 수 있는 것처럼 간을 잘 관리하면 풍병(風病)과 관련한 질병을 예방할 수 있다는 의미가 될 것입니다. 간은 어떻게 하면 잘 관리하고 어떻게 하면 망가지는지 잘 알고 있습니다. 그 대표적인 것 하나를 말하자면 한마디로 술(酒; 술 주)입니다. 간에 가장 부담을 많이 주는 음식이니 말입니다. 그러니

먹어야 될까요? 먹지 말아야 될까요?

'먹어야 된다.'는 아니고 '먹을 수도 있다.'입니다. 여러분들이 약술이라는 말을 들어서 알고 있을 것인데, 그것은 어떤 경우일까요. 물론 화학 용어로서 용매-용질이라는 말이 있기는 한데, 이것에 대한 설명은 생략하고 아주 쉽게 말하자면 대부분의 물질은 물에 잘 녹습니다. 그러니까 약초를 다릴 때 물에 오랫동안 달여 약용성분을 추출해서 마시면 됩니다.

그런데 경우에 따라서는 물에 녹지 않는 성분이 있습니다. 그런데 그것이 알코올에 잘 녹을 수가 있습니다. 그러니 그런 약용성분을 추출하기 위해서는 약초에다 술을 부어 일정 시간 두었다가 마시면 효과를 볼 수 있겠지요. 물론 술에는 일정 성분의 알코올과 물이 함께 들어 있으니 효과적으로 약리 성분이 빠져나오는 그러니까 용출이 잘 된다고 생각할 수 있습니다.

탄화수소는 메탄 에탄 부탄 프로판 …이 있고, 여기에 OH-가 붙으면 메탄올, 에탄올, 부탄올, 프로판올…하는 알코올이 있습니다. 일반적으로 우리가 술이라고 부르는 것은 에탄올입니다. 다시 한번 말하자면 유효성분을 추출해 내기 위해서는 물입니다. 어떤 것은 메탄올을 사용하기도 하고, 어떤 것은 에탄올을 사용하기도 하고, 여기에서 에탄올을 사용했다는 것은 술을 이용했다는 말입니다.

문제는 약효가 매우 강하지 않다는 것이고 장기간 복용을 해야 한다는 것인데, 사람들은 약을 먹는다고 하면서 오히려 술을 즐기는 경우가 됩니다. 그러면 다른 어디가 아팠든 간에, 간(肝)에 부담을 주는 상황이 되어 역효과라는 결과가 되겠지요.

그러므로 건강을 관리하는 방법은 오행-오장-육부-오미-오관-오체…(五行-五臟-六腑-五味-五官-五體…) 등의 관계를 잘 보면서 장부에 도움을 주거나, 부담을 주지 않거나 하는 방법을 스스로 잘 터득하는 것이 중요합니다. 오행의 목에 속하는 오장-육부-오관-오체는 각각 간-담-눈-근육인데, 산미(酸味) 그러니까 시큼한 맛을 내는 것을 다소 신경 써서 먹으면 좋겠구나 하고 생각하는 것입니다. 뭐가 있을까요? 비타민 씨(Vitamin C)가 많은 것을 먹어도 좋겠다는 것을 암시하네요.

여기에서 산(酸; 실산)이 맛으로 '시다'는 뜻인데, 그러면 무릎이 시큰거린다 하면 어떻게 말하겠나요. 실제 병명으로 쓰이는 것인지는 모르겠고 아니 병명은 고사하고 일반적으로 쓰이는지도 잘 모르겠으나 산통(酸痛)이 그런 뜻입니다. 무릎이 시큰거리고 등 어딘가가 시큰거리는 아픔을 느낄 경우에 쓰는 단어입니다. 먹을 때 맛이 시다라는 뜻인데, 몸이 시큰거리며 아플 때도 시다고 하는구나. 재미있는 표현 아닙니까. 재미없어도 재미있다고 우기면서 살아가요. 괜히라도. 그래도 괜찮아요. 언제 한 번 제대로 재미있게 살 수 있겠어요. 그 한 번이 또 언제인지도 모르잖아요. 어쩌면 죽기 바로 직전이라면 죽기 직전까지 재미없이 살아야 된다는 말이 되잖아요.

그러면 오행의 금에 속하는 오장-육부-오관-오체는 각각

폐-대장-코-피부와 털이 되는데, 이때의 맛은 신미(辛味) 그러니까 매운맛입니다. 매운 음식을 먹으면 입에서 열불이 나고 속도 쓰리고 할 때도 있지만 어느 때는 잘 먹으면 오히려 개운한 느낌도 들기는 하는데, 이것도 그렇다고 단정해서 말하기 어려운 내용입니다. 워낙 개인차가 심하게 나타나는 것이 맛에 대한 기호이니까요. 누군가는 엄청 신 것을 질색을 하지만 또 다른 누군가는 오렌지(orange)나 심지어는 레몬(lemon)이나 라임(lime)까지도 거침없이 먹으니까요. 아하 쓰다 보니 갑자기 생각나는 게 하니 있네요. 그러니까 이들 과일들은 간-담-눈-근육에는 역시 좋겠군요. 신맛이 강해도 아주 강하니까요.

매운맛도 마찬가지로 보통은 별로 매운 것 같지 않아도 혀에 불이 난다고 하면서 거의 못 먹다시피 하는데, 외국인들을 보면 그런 것을 많이 볼 수 있겠지요. 그런데 일부에서는 혀에 불이 붙는 정도가 아니라 입에서 위까지 불이 날 정도인데도 아무렇지 않게 잘 먹고 게다가 맛있어하기도 합니다. 그러면 이 사람은 후추도 역시 잘 먹을까요? 그것은 그렇지 않을 겁니다. 유럽계 외국인들은 후추는 별 고통 없이 대부분 잘 먹지만 우리나라 사람들은 호불호가 있는 양념입니다. 물론 이것은 산초에서도 나타나는 현상입니다. 이 부분을 설명하는 한 단어가 결국인 개인차(個人差)라고밖에는 설명할 길이 없는 것 같습니다.

그러면 맛은 혀의 미뢰(味蕾)에서 느끼는 것인데, 혀에는 매운맛을 느끼는 세포가 있을까요? 물론 없습니다. 혀에는 오미를 느끼지만 매운맛의 신미가 아니라 감칠맛(umami, 선미(鮮味), savory taste)을 느끼는 제5의 미각 세포가 있다는 것이 알려져 있습니다. 흔히 이게 MSG(monosodium L-glutamate, L-글루탐산일나트륨)라고 불리는 맛입니다. 그러면 우리가 말하는 매운맛은 어디에 갔을까요? 이것은 미각이 아니라 통각(痛覺)입니다. 그러니까 혀에서 매운 물질 흔히 캡사이신이라는 물질 때문에 통증을 느끼는 것이지요.

이것으로 오행과 장부와 맛과의 관계를 말하며 건강에 대해서 한마디 하려고 한 것 같은데, 한마디로 말이 안 되는 이야기입니다. 한의사들이 한의과대학에서 예과-본과 6년의 시간 그리고 대학원 석-박사과정까지 하는 추세인데, 그렇게 해서 습득해서 얻은 지식을 표하나 외웠다고 흉내라도 내려고 하면 안 됩니다. 다만 이런 것에서 시작을 하는구나 하는 정도는 상식으로 알게 되는 정도로 생각하면 합니다. 상식치고는 꽤 어렵다고 느끼시겠지만, 분명 상식입니다.

다음으로는 노래-음악에 대해서도 오행과의 관련성을 찾을 수 있습니다. 오행의 목-화-토-금-수는 오음의 각-치-궁-상-우와 대응합니다. 그런데 이것은 단어만 아는 내용이라 정말 어떻게라도 설명할 방법이 없습니다. 그리고 궁중음악이나 전통음악이나 워낙 문외한이라 설명을 생략하고 이런 것도 관련이 있겠구나 하는 흔적만 남겨 둡니다.

한 가지 기억나는 것은 한방 진료에서 목소리를 분석해서 아설순치후-각치궁상우의 관계를 가지고 설명을 해줘서 들은 기억이 있지만, 그 내용이 어떤 것이었는지도 잘 모르겠다. 여하튼 음악과도 관련이 있다는 것을 알 수 있는 대목이다.

그러면 우리가 사는데 남은 게 무엇인가? 무조건 남은 게 아니라 오행과 관련해서 남은 것 말이다. 뭐가 얼마나 남았는지 당연히 모른다. 동양의 세계관 전체를 알아야 하는데, 그것은 애초에 불가능하다. 그러면 내가 무슨 말을 하려고 했는지도 모르겠다. 생각으로는 되게 멋있는 글이 될 것이고 또 이 글을 읽으면 우리의 일상생활에서 상식적인 것으로는 모를 게 없을 것이라고 생각했는데, 그렇게 되지가 못할 것 같다.

오늘이 2018년 7월 31일 마지막 날이다. 정말 더운 날씨다. 아마 이 시간 때우기 글은 7월 초순에 쓰기 시작한 것 같은데 중간에 여러 일이 있어서 쓰다 멈추고 쓰다 멈추고를 자주 하다 보니 완성하는 속도가 현저히 느려졌다. 그리고 내용도 잊어버린 것 헛갈리는 것 등 일일이 확인할 것들이 많아서 더욱 속도를 내지 못했다. 일일이 확인한다고는 했으나 그래도 부정확한 것이 있을 텐데 어쩌나? 그런 것이 있으면 알아서 고쳐서 읽으시라. 그리고 본인의 연락처를 알아서 귀띔해주면 좋겠다. 내 연락처는 급하면 출판사를 통해서 알아볼 수 있지 않을까 하는 힌트를 준다.

내용도 체계적이지도 못하고 충실하지도 못해서 할 말이 없는 것은 맞다. 그래도 이 글을 쓰려고 의도한 것을 밝히면 그나마 조금은 수긍을 하시려나 몰라서 나름대로 변명처럼 쓰려고 한다.

오행은 태극, 음양 등과 모두 관련된 동양 사상의 밑바탕으로 결국 천지 만물의 조화를 이야기하는 근본적인 내용입니다. 오행과 오행과 관련된 여러 다섯 가지의 구별을 아는 것은 어쩌면 실생활에 아무런 의미가 없을 수도 있습니다. 그렇지만 많은 노력을 하면서 오행과 오행과 관련된 내용을 알게 됨으로써 얻을 수 있는 게 많습니다.

오행을 알게 되면서 어떤 것이 장점이라고 말할지 모르지만 대략적으로 몇 가지만 나열해 보고자 합니다.

① 가장 기본적인 게 신기한 것입니다. 오행과 관련된 많은 내용들이 묘하게 설명이 된다는 것을 여러분이 느끼게 됩니다. 알면 알수록 그런 기분이 더 듭니다.

② 오행을 아는 것은 재미있습니다. 여러 번 말하지만 오행은 의-식-주와 관련된 것은 물론 음악-미술 그리고 풍수지리와도 밀접한 관련이 있습니다. 그래서 알면 알수록 재미가 있다는 말입니다.

③ 물론 한의학적인 내용을 고도로 전문화된 내용이라 잘 알기는 어렵지만, 오행과 오장육부와 오미 등 서로 간의 관계를 잘 관찰하면 기본적인 건강을 지키는데 분명히 도움을 받을 수

있습니다. 치료의 개념으로 좋아지는 것이 아니라, 어느 장기가 어떻게 안 좋은지를 앎으로서 삼갈 수 있는 방법 그러니까 하면 안 되는 것들을 알 수 있게 되기 때문입니다.

여하튼 저도 공부를 하면서 엉성한 글을 쓴 잘못은 있지만, 그렇다고 이 정도마저도 안 쓰는 사람도 많고, 안 쓰는 것은 뒤로 하고 이런 글을 읽지도 않는 사람들은 더 많다는 것을 스스로 더 잘 알 것입니다. 그러니 여러분도 할 일이 없다면 이런 것 하나 가지고 평생 그래서 죽을 때까지 머리 싸매고서 시간 때우시기 바랍니다. 생각보다 재미있습니다.

이 글이 시간 때우기 2권의 마지막 글이 될 텐데, 뭔가 마음에 참 안 듭니다. 그렇다고 뭐 어쩌겠어요. 3권에 좋은 글이 써지기를 기도하던가 아니면 요새 인공지능 기계가 잘 만들어져 시도 쓰고 소설도 쓴다는데, 그런 인공지능 로봇 하나 사서, 나 대신 쓰라고 하던가 해야겠네요. 아-참. 그런 로봇이 있다 한들 그거 살 돈이 없을 건데. 어떨지 모르겠네요.

올 2018년 7월은 아마 역사에 어떻게든 남을 것인데, 특이하게 더운 한 해였을지, 아니면 21세기 폭염이 시작하는 첫해로 남을지 모르겠지만, 무척 더운 7월입니다. 그리고 내일은 8월의 첫날입니다. 내일도 분명 더울 겁니다. 한여름 중의 한여름 가장 더운 말복이 버티고 있으니까요. 하기야 8월 달력을 보니 입추(입추, 7일) - 말복(말복, 16일) - 처서(처서, 23일)의 순서로 되어 있으니 이 더위도 어느 순간 힘없이 픽 쓰러져서 기억 많이 만드는 가을로 계절을 넘기겠지요.

그래도 가벼운 마음으로 기도하건대, 그냥 별일 없이 특이하게 더운 한 해로 기록되기를 빕니다. 그렇지 않고 폭염이 시작하는 첫해가 된다면, 가난한 사람들 노인분들 병약자들 얼마나 고생하겠어요. 문제는 고생하면서라도 살아남으면 다행이지만, 목숨을 부지하기도 힘들 수 있어요. 이제 막 공부하고 싶은 마음이 생긴 오행에 대해서, 재미있다는 생각도 못 해보고 죽을 수 있단 말이에요.

뒷글

글은 항상 쓰는데, 한 권은 끝나서 내보냈고 이번에는 두 번째 내보내고 있다. 역시 항상 말하지만, 다 쓴 게 아니고 할 이야기가 너무 많이 남아있어 뒷글을 잘 쓰기가 어렵다.

그래도 모양새를 따져서 쓰기는 쓰는데, 이제 두 번째 권이기는 하나 많은 분들이 내용이든 뭐든 부디 모든 것에 혜량(惠諒)하시기를 바란다. 아마 이것은 9권째가 되면 안 할 말이 될 거다. 왜냐면 예상대로면 현재 4권 또는 5권 출판이 되어야 하는데, 정신적 경제적 시간적인 뭐 별것 아닌 것들이 조금씩 계속 발목을 잡는다고나 할까 그러니 이런 정도의 속도라면 9권이라는 번호가 오겠는가?

여러분 스스로 시간 때우기를 잘하시고, 살아가는 게 힘들기는 하지만 그렇다고 다른 방법도 없으니, 힘들기는 한데 엄청 힘든 것은 아니라는 그냥 살 만큼 힘든 다고 하는 마음가짐을 가지시고 시간 때우는 방법을 더 발전시키기를 바랍니다.